IN DUNKLEN HERZEN
BLÜHEN WORTWUNDEN.
DIE ZEIT IST REIF,
UM AUFZUBLÜHEN.

DUNKLE BLÜTEN

IN DUNKLEN HERZEN BLÜHEN WORTWUNDEN

MRS. MCH

WORTE | NICHTSALSWORTE
PROSA | LYRIK & WORT | SPALTEREIEN

Bibliografische Information der Deutschen Nationalbibliothek:
Die Deutsche Nationalbibliothek verzeichnet diese Publikation in der
Deutschen Nationalbibliografie; detaillierte bibliografische Daten
sind im Internet über http://dnb.dnb.de abrufbar.

ISBN: 978-3-756-29208-0
© Mrs. McH 2022
www.instagram.com/mrs.mch

Herstellung und Verlag: BoD – Books on Demand, Norderstedt

ÜBER DUNKLE BLÜTEN

Der dritte Lyrikband
von Mrs. McH
knüpft nahtlos
an seine Vorgänger an
und ist doch anders:

Noch lyrischer,
noch poetischer,
noch offenbarender
für jeden Leser,
der es zulässt,
sich darin wiederzufinden.

ÜBER MRS. McH

Eines hässlichen Tages

bin ich gefallen,

so tief,

so tief,

so tief,

so tief wie noch nie;

eines schönen Tages

erstand ich wieder auf,

ich fand mich umarmt

von meiner Poesie.

WIDMUNG

MEINER GELIEBTEN MUTTER

Kein einziges Wort von mir hast du gelesen,
du wärst sicher stolz auf mich gewesen,
doch du hast es niemals lesen können,
das Schicksal wollt' es uns nicht gönnen,
deine Lebenszeit war abgelaufen,
so viel konnte ich nicht saufen,
um deinen Verlust zu ertragen,
ich hatte dem Leben nichts mehr zu sagen,
in Schmerzen ersaufen,
elendig leiden, in Trauer torkeln,
den Geist ausweiden,
es war und ist von Allem zu viel,
doch zu wenig von Nichts
im Angesicht des Tageslichts,
das immer wieder auf mich scheint,
während meine Seele um dich weint,
oder im Dunklen in hässlichen Nächten,
am Tisch mit dem Tod und seinen Knechten,
trinkend und verhandelnd,
verloren im Albtraum wandelnd,
begann ich unter Qualen,
mir die Worte auszumalen,
die ich dir alleine widmen würde,
die mich diese schwere Bürde,
für immer ohne dich zu sein,
erträglich machen würde.

Ertragen,
etwas wagen,
so reihte sich ein Wort ans Wort,
ans Wort,
ans Wort,
ans Wort,
doch noch immer bist du fort,
doch irgendwie noch hier,
in jeder Zeile tief in mir.
Für jedes Wort,
welches du
nicht mehr sagst,
für jeden Tag,
an dem du mich
nichts mehr fragst,
schreibe ich
eine Zeile mehr,
die ich durch dich
allein gebär.

Dunkle Blüten

In Dunklen Herzen
Blühen Wortwunden

Aber
Glauben

Es ist nicht leicht,
an etwas zu glauben,
wenn Rauben
von Vertrauen
so oft,
so lange
das Einzige gewesen ist,
das in Bewegung war.

Wir brauchen
Bewegung,
wir brauchen
Erregung
für Belebung
von Vertrauen
und Glauben,
doch es ist so schwer,
wieder leicht zu sein.

Abflugzeit

Das Fliegen
könnte so einfach sein,
wären die Flügel
an meinem Leibe
nicht so klein.
Und wären sie nicht gebrochen.

Das Lieben
könnte so einfach sein,
wäre das Herz
in meiner Seele nicht dein.
Und wäre es nicht zerbrochen.

Das Sein
könnte so einfach sein,
flöge ich mit meinem Herz allein.
Und würde ich nicht
mein eigener Käfig sein.

Allein
Gang

Für immer allein
werde ich sein,
für immer mit dir
tief in mir.
Alleine schreite ich voran,
komme überall und nirgends an,
doch Schritt um Schritt
gehst du mit.
Für immer an meiner Seite,
weil ich dich begleite,
bin ich für immer allein
mit dir in meinem Sein.

Am
Ende

Am Ende
hielt uns
nur noch unsere Haut zusammen.

Derb wie altes Leder war sie,
doch fragil wie eine zarte,
hauchdünne Membran zerriss sie,
als wir es am wenigsten erwarteten.
Das Reißen begann mit einem tiefen Knarzen,
ein dumpf tönendes Grummeln
wie ein knurrender Magen.
Es endete in einem hysterisch anmutenden,
sirenenartigen Kreischen. Die danach
einsetzende Stille tat am meisten weh.
Wir waren nackt. Unser rosarotfarbenes
Fleischkleid baumelte in Fetzen an unseren
Leibern herunter. Hautlos, haarlos, kahl
waren unsere Schädel. Unsere Blicke trafen
sich. Wir fanden uns trotzdem noch schön.

Am Ende
hielt uns
nur noch unsere Liebe zusammen.

Am selben Strang

»Wir ziehen am selben Strang«,
wisperte die Liebe,
derweil wucherten aus ihr
sehr seltsame Triebe.
Der Strang war kalt und lang,
als er sich liebevoll
und liebestoll mehrfach
um meine Kehle schlang.
»Jetzt noch einmal kräftig ziehen!«,
rief das süße Liebesbiest.
»Damit du endlich einmal siehst,
was du so arg
und dringend begehrtest,
wonach du dich so sehr verzehrtest.«

Ja, mir wurde Angst und Bang',
nun verstand ich wohl
der Liebe Drang,
fortzulaufen,
vor Druck und Zwang.

»Immer soll ich sein,
was ich nicht bin,
ohne Maß
und ohne Sinn.
Alle wollen mich betören,
jeden Lump soll ich erhören!
Und dann geht das Gejammer los,
mal bin ich zu wenig, mal viel zu groß!

Und wie sie heulen, wenn ich gehe
und nicht ewig zur Verfügung stehe!
Dann treten sie mich mit Füßen,
Undankbarkeit lässt grüßen!
Ich muss wachsen,
ich muss reifen!
Was ist daran
nicht zu begreifen?«
Es war keine Frage,
die arme Liebe
redete sich in Rage.

Ja, ich konnte sie
sehr gut verstehen.
»Pass auf dich auf«,
flüsterte sie
und ließ mich gehen.

Auf dem Holzweg

Unsere Reise. Die Reise zu uns ist so lang, so steinig, so beschwerlich. Wir haben viel Gepäck dabei. Mühevoll, sehr mühevoll erreichen wir die Akzeptanz. Erst mal in Ruhe ankommen – ist offensichtlich nicht möglich. Es gilt, sie zu leben.
Nahtlos beginnt eine Reise für sich.
Weg vom Ziel, hin zum Ziel.
Erkenntnisse streifen. Die Feststellung, dass Akzeptanz auch beinhaltet,
zu akzeptieren, dass nicht alles akzeptabel ist.
Die Andersartigkeit des Anderen.
Ist der Andere anders oder man selbst? Oder sind wir beide so anders, dass wir schon wieder zu gleich sind? Was nun?
Sind wir auf dem Holzweg?
Gehen wir über die Planke? Geht unsere Reise weiter oder brechen wir uns das Rückgrat? Wird die Reise dann weniger beschwerlich? Toleranz stand niemals auf der Reiseroute. So sind wir nicht.
Unsere Egos sind so groß, wie unser Vertrauen klein ist, das eigentliche Endziel unserer Reise – Vertrauen – in uns.
Wo ist der Weg?

Der blinde Passagier auf der Reise heißt
Konsequenz. Wir flüchten vor ihm.
Hand in Hand. Wir laufen so schnell davon,
dass wir abheben, fliegen. Es ist so schön,
wir sind so frei zusammen. Wir vergessen,
wohin wir wollten. Wir *sind* einfach.
Könnte es nicht immer so sein?
Doch die Reise geht weiter, wir müssen
auf dem Boden der Tatsachen landen.
So ist das Leben.
So sind wir.

Irgendwie ahnen wir vielleicht,
dass wir niemals bei uns ankommen werden.
Möglicherweise ist das der Sinn
unserer gemeinsamen Reise.
Sie endet nie. Wir sind der Weg,
auf dem wir zu uns gehen.
Vielleicht sollten wir das akzeptieren?

Auf Messers Schneide stehen wir still

tiefe Augenblicke
Stillstand
zwischen
zwei Atmenden
ein Antlitz
eine Spiegelung
auf blitzblanker Klinge
Stillstand
zwischen Messerspitze
und samtweicher Haut
Innehalten
ein Zwiespalt
ein Gewissen
ein Vergessen
von Allem
ein Verlust
Stillstand
eines Atmenden
für einen Augenblick
ein Vergeben

Augenblicklich

du kannst dich nicht
mit anderen Augen sehen
du wirst immer
zwischen dir
und deinem Blickfeld stehen
lass dir nichts anderes
erzählen
du kannst dich niemals selber
wählen
du kannst
nicht werden
was du willst
du kannst
nicht sein
wer du willst
in deinen Träumen
kannst du nichts
verräumen
kannst du nichts
in dir verrücken
was vorher
nicht gewesen ist
du solltest nicht bleiben
wie du bist
wenn du nicht weißt
was du gewesen bist

du bist nicht
was du warst
was bleibt
das ist
was bleibt
ist dein
was geht
ist dein Sein
du bleibst
wer du bist
in jedermanns
Augenblick

Bald, ja bald,
bricht das Licht

– bald, ja bald,
kommt die Wahrheit – ans Licht,
das Dunkel – zerbricht,
die Sünde – flüchtet,
wir alle – werden gerichtet,
die Gedanken – jungfräulich schwanger,
die Scheinheiligen – an den Pranger,
das Spiel – ist aus
und beginnt von vorn,
das blinde Huhn – findet bald,
ja bald, ein Korn,
begreift,
was schon immer
geschrieben stand,
unsere Köpfe – zwischen Wand
und fremden Händen,
die Gedanken – verenden,
zerquetscht, zersplittert,
das Leben – verbittert,
die Beteuerungen – bekräftigt,
Ach, die Wahrheit – zu sehr beschäftigt,
der Dunkelheit hinterherzusehen,
anstatt sich einzugestehen,
bald, ja bald,
werden nicht nur alle Masken fallen,
wir alle wollen uns ans Leben krallen,

doch halten an den schönsten Lügen fest,
zelebrieren unser Manifest,
sehnen uns, drängen nach –
trauern um ewige Liebe,
als ob es
nichts anderes gäbe,
immer, ja immer,
darüber zu philosophieren,
anstatt zu zelebrieren,
nur bald, ja bald,
ist es zu spät,
wer wohl wen verrät? –

– das Licht – bricht,
die Sünde – sticht,
wir alle – zu Asche zerfallen,
die Wahrheit – zum Opfer gefallen,
in allergrößter Not,
gestorben – im Dunkel – den Märtyrertod,
doch bald, ja bald,
alte Asche –
neues Leben,
werden wir uns
die Freiheit nehmen,
uns sündig begeben
auf den gleichen
steinigen Pfad –
von Plagiat
zu Plagiat,

die Gedanken – scheingeschwängert,
das Leben – verlängert
sich nicht,
das Dunkel – steht nicht
vor Gericht,
die Wahrheit – verändert
sich nicht,
nein nie,
ja nie,
ohne Licht –

Weißt Du, wann es bricht?

Bevor du dein Herz
für alles verdammst

Bevor du deine Liebe
an den Nagel hängst,
bevor du dich
in Unmöglichkeiten
verrennst,
bevor du ein Herz
für alles verdammst,
und du glaubst,
dass du so nicht leben kannst,
bevor du die Welt
aus ihren Angeln hebst,
bevor du deinen Weg
alleine weitergehst,
halte inne, halte dich an,
und frage dich
uneigentlich
wer
diesen Weg
einst pflasterte.

Bewusst
sein

DIE UNWAHRSCHEINLICHKEIT
VON EWIGKEIT

Irgendwann
kommt der Moment,
in dem die Endlichkeit
in jeden deiner Knochen kriecht,
in jedes deiner Glieder,
in jede deiner Zellen.

Es ist der Augenblick,
in dem sich
das Bewusstsein über
die Unwahrscheinlichkeit
der Ewigkeit
tief in deine Seele frisst.
Du stellst dir vor,
wie es sich anfühlt,
vorbei zu sein,
vergangen,
für immer gewesen.
Um dich herum
geht eine Seele
nach der anderen
auf eine Reise
ohne Wiederkehr.
Wohin sie wohl wandern?

Die Angst schläft
mit der Ungewissheit
und gebärt
dein wahres Ich
wie eine Totgeburt.
Im tiefen Tal
hellwacher Ohnmacht
streitest du
dein besseres Wissen ab,
ungelenk entledigst du dich
deiner Gedanken,
du pellst dich,
du streifst dich ab
wie eine Schlange
ihre alte Haut.
Du glaubst nicht,
dennoch betest du
um Frieden,
von dem du ahnst,
ihn nicht zu finden.
Irgendwann
vergeht der Moment.
Die Endlichkeit bleibt
in deinen Tränen.

Unendlich
viele Tränen
versammeln sich
zu einem See,
in dem du
dich spiegelst,
in dem du
dich erkennst.
Es ist der Moment,
in dem du begreifst,
dass du deine Seele siehst.
Endlich.
Frieden.

Bodenlos
auf dem Boden der Gefühle

~ unter unseren Füßen
kein Boden
aber abgehoben
sind wir nicht
schweben im Licht
tun wir nicht
wir sterben schleichend
fühlend, aber leben nicht

wir lieben uns
in Episoden
auf dem Boden
eines schwarzen Nichts
dunkel in uns
ist es geworden
aber geborgen
sind wir nicht

wir sind verschwunden
waten in Wunden
wälzen uns weg
im Seelendreck
auf dem Boden toben
nur noch unsere Geister
betrogen
um unser Lebensglück ~

Dämmerndes Licht

wir sahen gemeinsam
vereinsamt ins dämmernde Licht
wir ahnten es noch nicht
wir mussten uns beglücken
mit zugewandten Rücken
ließen wir
alle Hüllen fallen
unsere Strippen
um unsere Seelen krallen
wir hörten
das gierige Lefzenfletschen
wie liebevolles Messerwetzen
Zucken und Schleifen
Wachsen und Reifen
unsere Lippen bebten
unsere Körper schwebten
doch konnten wir
es nicht abwenden
mit in Schuld
gewaschenen Händen
hallte unser Liebeslied
von allen Wänden
süßer Tod am Nahen
doch nie näher
als wir uns je waren
wir konnten uns
nicht töten

mit Pauken
und Trompeten
erklang unsere
bittere Schicksalsmelodie
wir liebten uns immer
wir liebten uns nie
wir spürten
unser Blut
in unseren Seelen gerinnen
auch diesmal
würde keiner gewinnen
unsere Geister waren
besiegt
unsere Herzen
taubgeliebt
wir waren
zum Scheitern geboren
noch hatte keiner
sich gänzlich selbst verloren
aber wir waren
das dämmernde Licht
nur wussten wir das nicht

Darf ich
dein Herz
berühren?

Darf ich dein Herz berühren?,
batest du,
und ich
ließ dich
es suchen.

Lass mich deinen Schmerz berühren,
sagtest du,
und ich
ließ dich
ihn finden.

Darf ich meinen Finger in deine Wunde
legen?,
fragtest du,
und ich
ließ dich
gewähren.

Warum bist du so eiskalt?,
fragte ich, als ich
deine Hände spürte
auf meinem Herz,
in meinem Schmerz,
in meiner Wunde,
und erfror.

Das letzte Kapitel der Liebe bleibt ungelesen

Das letzte Kapitel der Liebe
bleibt ungelesen,
denn die Liebe
ist
nichts,
was gewesen,
denn scheint die Liebe
auch vergänglich,
ist sie
auf ihre Weise
vollumfänglich
unumgänglich,
denn die Liebe
hat
kein Ende,
denn die Liebe
hat
tausend Bände
mit offenem Ende,
doch die Liebe
ist
kein Buch,
kein Roman,
den man lesend
vielleicht
oder vielleicht auch nicht
beenden kann,

nein, die Liebe
ist
kein Buch,
kein kläglicher Versuch
einer Geschichte,
die sich jemals auserzählt,
kein Bestseller,
von einem Leser
ausgewählt,
der sich mühsam
durch die Seiten quält,
denn die Liebe
selbst
ist
der Dichter,
der selbsternannte
hohe Richter,
der destruktive
Selbstvernichter,
der Verstörer,
der Betörer,
Hebamme und Henker
zugleich,
schwere Geburt
garantiert,
denn Totsein
ist leicht,
nein, die Liebe
ist

ein Prozess
aus Wachsen,
aus Exzess,
aus Gedeihen,
aus Stagnieren,
aus Gewinnen,
aus Verlieren,
aus Überfluss,
aus Verzicht,
siehst du denn
die Liebe nicht,
schau in den Spiegel
in dein Gesicht,
dort steht sie
geschrieben
wie
ein Gedicht,
dessen Sinn sich nicht sofort
und nicht jedem offenbart,
liebliche Klänge,
Silben hart,
wie
eine Melodie
zwischen zarter Poesie
und brutal gebrüllter
Kakophonie,
doch ein letztes Kapitel,
das hat
die Liebe
niemals
nie.

Das
seltsame
Leben

Alles vergeht und steht zugleich,
alles fällt und fliegt zur gleichen Zeit,
alles ist voll und doch entleert,
alles stirbt, während es sich vermehrt.

Das Leben ist ein reißender Strom
oder ein träger, plätschernder Fluss,
die Quelle ist Mündung,
der Anfang ist Schluss.

Nichts ist leicht und schwer zugleich,
nicht kommt und geht
zur gleichen Zeit,
nichts will sterben
und doch nicht sein,
das Leben wird immer seltsam sein.

Das Wort und Ich
und Ich, das Wort

An diesem Wort
möchte ich mich reiben,
gemächlich schneid' ich es
in feine Scheiben.
Aus ihnen nähe ich mir
eine hübsche Decke,
in der ich mich
genüsslich recke,
dann bringe ich es,
mit mir gefüllt,
liebevoll gekonnt
zur Strecke.
Es ist nicht richtig,
doch es macht süchtig,
ich jage
und erlege jedes Wort,
schlage es tot,
obduziere es,
werfe es fort.
In meinem Licht,
da taugt es nicht,
nichts besteht
vor meinem Wortgericht.

Ich kann mich nicht
von dem Gedanken lösen,
die Worte sind doch
stets die Bösen,
aber es wächst und gedeiht
auch in mir,
ich mutiere zum Monster,
ein böses Tier.
Ich belebe und hege
ein halb totes Wort,
ich lasse es fühlen,
ich lasse es beben,
erfülle es
mit rohem Leben.
Ich mehre es,
ich lehre es,
sich nicht zu fügen,
sich nicht zu begnügen
mit lapidarem Sein
ganz ohne Reim,
und keinesfalls
ohne Sinn,
so ergibt es sich,
gibt sich mir hin.

Dann will es plötzlich
mich verführen,
zu bittersüßen Tränen rühren,
erfreuen will es mich,
von seiner besten Seite
zeigt es sich,
es lässt sich streicheln,
es will mir schmeicheln,
es kriecht in mich hinein,
erkundet mein ganzes Sein,
es krabbelt aus mir heraus,
suhlt sich gierig
in meinem Applaus,
wie schön es nun ist,
Vergiss, was du bist,
haucht es,
sich an mich schmiegend,
mich besiegend.
Darniederliegend,
assimiliert und verwirrt,
geht mir auf, wer wen regiert.
Alles dreht sich nur um mich,
ich bin das Wort,
das Wort bin ich.

Dein Kopf entscheidet

Wenn dein Herz
so laut wie Donner schlägt,
wenn deine Seele
vor Kummer bebt,
dann ist es schwer,
dich selbst zu hören,
dann ist es schwer,
dich selbst zu fühlen,
dann hilft kein Graben
und kein Wühlen
im Elend und im Schmerz,
am Ende entscheidet dein Kopf
über Krieg oder Frieden
in deinem Herz.

Dein Sommer war noch lange nicht zu Ende

... als der Winter
seine Kälte in deine Seele trug.

Seine Tage
waren wie Jahre,
er war bereit,
nahm sich viel Zeit,
uneigennützig,
aberwitzig
dein liebes,
brennendes Herz
mit Eis zu bedecken,
deinen Kummer,
deinen Schmerz
unter seiner
harten Kruste
zu verstecken.
Verschwunden war
alles Gegrübel,
alles Übel,
verschwunden, so wie du,
alle schauten dabei zu.
Erstickt war
das Fühlen,
das Wühlen
im Elend,
erstickt, so wie du,
alle schauten dabei zu.

Ausgelöscht waren
deine Ängste,
deine Sorgen
vor dem nächsten
kalten Morgen,
so wie du,
alle schauten dabei zu.
Das Gequäle
deiner Seele
aufgelöst
ins Nichts
eines barbarischen
Bösewichts,
aufgelöst,
so wie du,
alle schauten dabei zu
und weg,
als dein Herz verbrannte,
als dein Geist wegrannte,
als dein Sommer verging,
an dem dein junges Leben hing.
Der Winter in deiner Seele
hatte kein Erbarmen,
man fand dich wieder,
leblos,
erfroren
in seinen kalten Armen.
Alle schauten dabei zu.
Welche Seele hat nun Ruh'?

Der Schatten liebstes Kind

Wir sind so,
wie wir sind,
unter gebrochenen Flügeln
vergifteter Wind.
Wir werden belogen
und betrogen,
benutzt
und beschmutzt.
Woran orientieren,
wenn wir uns verlieren?
Wofür leben?
Können wir vergeben?
Wir lieben,
doch wir betrügen,
weil wir
uns fügen
in Hoffnung
und Lust,
Gewinn
wird Verlust.
Wir glimmen,
wir verglühen,
wir keimen,
wir verblühen.
Wir sind so,
wie wir sind,
der Schatten
liebstes Kind.

Die Erinnerung
hat tausend Augen

Die Erinnerung hat tausend Augen,
niemand wird sie uns je rauben,
wir können abertausend Schritte gehen,
die Erinnerung wird immer sehen,
welchen Pfad wir auch beschreiten,
treu wird sie uns stets begleiten,
sie wird uns noch folgen,
sind wir auch längst vergangen,
in der Erinnerung sind wir verfangen,
sind wir zu schwach zum Weitergehen,
die Erinnerung wird immer sehen,
sie wird uns tragen in ihrem Glauben,
die Erinnerung hat tausend Augen.

Die leere Stelle
zwischen den Worten

Dies sind
meine Worte.
Dies bin ich.
Wenn du
alles vergisst,
diese Worte
bitte nicht.
Ich gehe
einen Schritt

ins Leere,

einen Schritt

ins Nichts,

einen Schritt
von mir weg,
doch ergibt er Sinn,
er erfüllt seinen Zweck.
Er ist
ein Schritt
zu dir.

Es bleibt

ein Abstand,
nie sind wir
uns wirklich nah,

denn auch du
gehst einen Schritt
mit mir mit.
Du begehst
einen Anschlag,
SCHLAG
um
SCHLAG
auf unser Papier,
doch ich
bleibe hier,
während du

eine Leerstelle
kreierst,
und noch viel mehr,

leer,
leer,
leer.

Dann bist du fort
mit keinem

Wort.

Wenn du
alles vergisst,
eines bitte nicht:

Die leere Stelle

zwischen

den

Worten,

denn
das

bin
ich.

Die letzte Passage
wird nackt passiert

so ist das Leben

Zeit
verrinnt
verrinnt
Neues beginnt
geboren
um zu schweben
Dasein vollends auszuleben
wachsen und sprießen
Lust und Liebe genießen
blühen und gedeihen
Fehler machen
Fehler verzeihen
Sinn des Lebens suchen
Endlichkeit verfluchen
während
Leben
passiert
passiert
was ist passiert?
wo ist all die Zeit geblieben?

der Glanz ist fort
längst abgerieben
abgetrieben
wie morsches Holz
Bilanzierung
worauf bin ich stolz?
was ist Haben?
was ist Soll?
gezahlt wird in Raten
Umwegezoll
der Weg war das Ziel?
während alles verfiel?
die letzte Passage
wird nackt passiert
Glück vegetiert
alle Geister schwinden
um Ruhe und Frieden zu finden
gnadenlose Opfergaben
an bittersüßen Schmerzen laben
Unbarmherzigkeit in Seelen rammen
alle Götter verteufeln und verdammen
des einen Freud
des anderen Leid
Zeit
verrinnt
verrinnt

so ist das Leben

Dieser Staub,
überall dieser Staub

Dieser Staub,
überall dieser Staub,
der sich auf alles,
wirklich alles, legt,
dieser Staub,
der kommt
und niemals,
wirklich niemals,
wieder geht,
dieser Staub,
der sich in jede Oberfläche frisst,
dieser Staub,
der nichts und niemanden
jemals vergisst,
dieser Staub,
der sich auf alles,
wirklich alles,
legt,
auf alles,
das sich nicht
bewegt,
auf alles,
das nichts
und niemandem
was angetan,
auf alles,
das sich nicht
retten kann.

Dieser Staub,
überall dieser Staub,
der alles,
wirklich alles,
mit seiner Existenz
bedeckt,
egal, wie gut
oder wie schlecht
versteckt,
dieser Staub,
der unbarmherzig
in uns dringt,
dieser Staub,
der uns
zum Handeln zwingt,
dass wir uns bewegen,
dass wir etwas tun,
dass wir leben.

Dieser Staub,
überall dieser Staub,
ruh- und rastlos
auf ewiger Jagd,
wo kommt er her,
warum bleibt er
ungefragt?

Dieses
Es

Es war einmal,
das ist, wenn es gewesen ist.

Es war einmal,
ist aus vergangener Zeit,
irgendeine Vergangenheit
aus irgendwelchen Leben,
ist es das, wonach wir streben,
nach Malen aus Gewesenem,
nach dem Tod von allem Lebenden,
diffus verklärten Erzählungen,
damit wir nicht vergessen,
sind wir so besessen,
von diesem Es,
das einmal war?

Die Seichtigkeit von Liebe

Die Seichtigkeit von Liebe,
vom Liebeswahn gelenkte Triebe,
alles ist erfüllt
von rauschhafter Glückseligkeit,
von unbändiger Leichtigkeit,
von liebestoller Gleichgültigkeit,
denn alles wird gut,
alles kann kommen,
alles kann werden,
jetzt und hier
einfach sterben,
wäre erträglich,
ja, sogar schön.
Doch vom Leben besessen,
geht alles vergessen,
plötzlich ist nichts,
wie es mal war,
Leiber und Herzen
sind austauschbar.
Es ist soweit,
Gleichgültigkeit
ist wieder da,
nun kalt und unnahbar,
belebt wird das Seichte,
das lächerlich Leichte,
das leichte Spiel mit der Liebe,
verteilt werden Schläge und Hiebe
mitten ins Antlitz
der Wahrheit hinein:

Die Unfähigkeit,
alleine zu sein,
so redet man sich
wieder und wieder
das Lieben ein.
Das ist alles,
nur nicht
ehrlich,
doch ist es
verwerflich,
sich etwas
ein und schön zu reden,
das Leben seicht
und leicht zu leben?
Es ist nicht falsch,
doch ist es richtig,
dass der Mensch
sich selbst nicht kennt
und Kompromisse
Liebe nennt,
dass der Mensch
an etwas glaubt,
worum er sich
wahrhaftig
selbst beraubt?

Du hast
nie die Wahl

Du hast nie die Wahl,
du glaubst das bloß,
du bist viel zu klein,
das Schicksal zu groß.

Wenn die Qual der Wahl
dein Denken geißelt,
so ist dein Entschluss
längst eingemeißelt
in dein Wesen,
in deinen Kern,
in deine Poren,
in dein Gedärm.
Du könntest nur dann
selbst entscheiden,
würdest du
das Existieren meiden;
keine Gefühle,
keine Liebe,
kein Begehren,
keine Triebe,
kein Wissen,
kein Gewesensein,
blank und leer,
ungeprägt und klinisch rein
müsste deine Seele sein.

Du kannst wirklich
alles überdenken,
jede Wahl
auf deine Weise lenken,
doch enden
wirst du immer dort
an jenem Schicksalsort,
auf jenen vorgezeichneten Wegen,
in deinem fremdbestimmten Leben.
Du brauchst nicht
auf was anderes zu hoffen,
alle Entscheidungen
sind längst getroffen,
von allem,
was in deinem Herzen thront,
von allem,
was in deiner Seele wohnt.

Die Erkenntnis wird
dich vielleicht killen:
Niemand hat
einen freien Willen.

Dunkle Blüten

Manche Blüten
existieren nur,
um zu gefallen,
um zu betören,
um zu erhören,
wer sich
von ihrer Schönheit
blenden lässt.
Sie locken
mit süßem Saft,
blühen,
blühen,
blühen,
sie blühen
so zauberhaft
mit aller Kraft,
den Kelch weit geöffnet,
ihr Opfer entwaffnet
sich selbst
und lässt sich
fallen,
fallen,
fallen,
fallen
in ihren tiefen Schlund,
schlägt auf den Grund
des wunderschönen Blütenscheins.

Manche Blüten
existieren nur,
um zu gefallen
und dann selbst zu
fallen
fallen
fallen
fallen
in ein Meer
aus todgeweihten
Blüten.
Erst geblüht
und dann verblutet,
der Gärtner
ist immer
der Mörder
und vermutet:
Das ist der Grund,
warum
manche Blüten
sich hüten,
aufzublühen.
Doch manche Blüten
öffnen sich nur,
um sich zu schließen,
um zu genießen,
wie schön sie
einmal blühten.

Dunkles Rot
aus Seelennot

... dunkles Rot
aus Seelennot
fließt
verstörend
schön
aus Seelenherzen
die seelenverwandt
sich einst begehrten
Seelenhandel
Seelenwandel
am Rand
des Abgrunds
grenzenloser
Zugewandtheit
gerissen
aus tiefen Schneisen
geschlagen
vom ineinander
Verbeißen
vom Zweifeln
zum Begreifen
vom Lügen finden
über Wahrheit schinden

Seelenpein
statt
Seelenheil
vom
Verletzen
und
Zerfetzen
rieselt
kalte Asche
hässlich
schön
aus Seelenherzen
die seelenverwandt
den Schmerz verehrten
seelenverbannte
seelenverbrannte
Seelenverwandte ...

Eine Frage
der Perspektive

Verschlusssache I

Du kannst deine Augen
nicht vor mir verschließen.
Schließe sie, doch wirst du mich
noch immer sehen.
Du kannst dein Herz
nicht vor mir verschließen.
Schließe es, doch wirst du mich
noch immer spüren.
Du kannst mich nicht
aus deinem Leben ausschließen.
Schließe mich aus, doch werde ich immer
Teil deines Lebens sein.
Du kannst deine Erinnerung
an mich nicht töten.
Töte sie, doch erschaffst du damit
eine unendliche Erinnerung an mich.
Siehst du mich noch?
Spürst du mich noch?
Ich kann mein Lächeln
nicht vor dir verbergen.
Ich lächele.
Erinnerst du dich an mich?
Lächelnd schließe ich
den Deckel meines Sargs.

VERSCHLUSSSACHE II

Ich kann meine Augen
nicht vor dir verschließen.
Schließe ich sie,
sehe ich dich
noch immer.
Ich kann mein Herz
nicht vor dir verschließen.
Schließe ich es,
spüre ich dich
noch immer.
Ich kann dich nicht
aus meinem Leben ausschließen.
Schließe ich dich aus,
wirst du dennoch immer
Teil meines Lebens sein.
Ich kann die Erinnerung
an dich nicht töten.
Töte ich sie,
erschaffe ich damit
eine unendliche Erinnerung an dich.
Ich sehe dich noch.
Ich spüre dich noch.
Ich lächele.
Ich erinnere mich an dich.
Lächelnd schließe ich
den Deckel deines Sargs.

Eine Frage
der Zeit

Bist du zu bedingungsloser
Liebe bereit?, fragt dich die Zeit.
Du wünschst dir wahre Liebe,
doch erträgst du das Leid?
Das Leid, welches sie mit sich bringt,
wenn sie dich in die Knie zwingt?
Denn während der Liebe Zeiten
wird auch Kummer dich begleiten.
Mit wahrhaftiger Liebe
geht Elend einher,
dein Herz wird stolpern
hin und her.
Dein Herz muss Prüfungen bestehen,
der Wind der Euphorie
wird leider nicht
für immer wehen.
Manchmal wird die Liebe laut
und manchmal schrecklich leise,
auf wahrer Liebe Reise
gibt es keine Preise.
Du musst dich besinnen,
es gibt nichts zu gewinnen,
höchstens nichts zu verlieren,
du kannst der Liebe nichts diktieren.
Die Liebe kommt
zu ihrer Zeit,
doch du, bist du für sie,
bist du zu Allem bereit?

Eine
Handvoll
Herz

fragst du dich,
was es ist,
das uns zusammenhält,
wenn alles um uns
zusammenfällt?

fragst du dich,
warum wir
voneinander fortrennen,
doch uns trotzdem nie
wahrhaftig trennen?

ich frage mich
das nie
und oft zugleich,
denn so sind wir,
schwer und leicht

zusammen hält
uns nichts
außer das Sein,
zusammen sind wir echt,
zusammen sind wir nicht allein

es ist süße Liebesnot,
die wir verbittert teilen,
pure Furcht
vorm Liebestod,
lässt uns gemeinsam verweilen

filtriert aus Tonnen
von Schmerz
ist es, was es ist:
eine Handvoll
Herz

Ein Leben
steht still

Ein Leben
schweigt.
Ein Leben
steht still.
Ein Leben
ist lebensmüde.
Ein Leben
nimmt sich das Leben
Ein Leben
gibt sich zurück.

Die Welt
steht nicht still.
Die Welt
dreht sich weiter,
immer weiter.
Die Welt
schaut weg.
Ein Leben
starrt zurück.
Das Kind
weint stumm.
Das Kind
steht still.

WWW.IRRSINNIG-MENSCHLICH.DE/HILFE/SUIZID

Ein schlechtes,
aber sehr langes Gedicht

meine verfluchte Seele spricht
wie ein schlechtes Gedicht
während sie holpert
und stolpert
reimt sie
schleimt sie
mich ein
Seelenschein
kalkuliert
manipuliert
biedert sie sich an
sie schmeißt sich an mich ran
sie will mich betören
ich soll sie erhören
ihre Klagen
ihre Fragen
ihr verdammtes Wimmern
in allen Zimmern
in jedem Raum
in jedem Traum
überall und nirgendwo
ist sie widerwärtig
allgegenwärtig
sie umringt mich
sie bezwingt mich
sie lässt mich
nicht flüchten
sie lockt mich

mit faulen Früchten
ihrer Seelensaat
verkauft sie mir
als Lebensrat
ich höre ihr süßliches Lallen
es lässt mich langsam fallen
in ihren Grund
Seelenmund
tut Wahrheit kund
vielleicht auch
Lügen
ich lasse mich
betrügen
ich lasse es
ich hasse es
ich hasse sie
sie hasst mich nie
sie liebt mich nur
Seele pur
an ihrer Seelenschnur
hänge ich
aufgeknüpft
durchgeschlüpft
wie neugeboren
abgestorben
im Geburtskanal
alles egal
alles taub
Seelenraub
alles stumm
die Zeit ist um

meine Sinne wippen
an ihren schönen Lippen
hänge ich verloren
ich bin auserkoren
Opfer und Täter
zugleich zu sein
bitterzarte Seelenpein
ich ziehe meine Lefzen zurück
zauberhaftes Seelenglück
sie stopft alles
in mich hinein
liebevoll
schlägt sie mir
den Schädel ein
es ist vollbracht
Seelenschlacht
sie raubt mir mein Denken
sie will mich umlenken
sie spricht
und
spricht
und
spricht
und
spricht
ohne Punkt
und
ohne Komma
sie spricht
bis sie
alles erbricht

sie kotzt
sie rotzt
mich voll
gedankentoll
ich bin überflutet
meine Seele blutet
aus
alles muss raus
doch sie muss weiter
um mich werben
sie will einfach
nicht in mir sterben
doch ist sie nicht längst tot?
ich sehe Rot
ich sehe Blut
ich sehe Mut
sie wiederzubeleben
ihr etwas zurückzugeben
ich krieche
in sie hinein
lasse meine Seele
Seele sein
ich höre sie weinen
sie will nicht mehr reimen
wir sind so
unendlich erschöpft
wir haben uns beide
gequält und geköpft

aber wir sind
wieder vereint
genug gewinselt
genug beweint
bis irgendjemand
wieder alles vernichtet
das Seelenmahl wird angerichtet
wenn meine Seele
wieder mit mir spricht
wohlklingend
schiefschwingend
wie ein verfluchtes
schlechtes,
aber sehr langes Gedicht

Ein Sommernachtstrauma

Im Sommernachtsrausch
fällt der Vorhang,
hinter dem Vorhang
fallen die Masken,
die gefallenen Masken
entblößen die Fratzen,
die Fratzen
lachen sich tot,
der Tod
lacht mit,
während er
Gedeih und Verderb
von der Bühne des Lebens entfernt.
Das Leben geht weiter,
blank und heiter,
blind gewordene Augäpfel
baumeln saftig von den Zweigen,
wilde Herzen tanzen noch wildere Reigen
im weiten Waldland der Liebe und Intrigen,
alles verlieren, alles besiegen,
Vergangenes zerrinnt,
Zukunft gewinnt,
der nächste Akt beginnt,
der Vorhang hebt sich, das Leben lacht
wie ein Traum in einer Sommernacht.

Ein Stich

Ein stummes Jahr
verstrich
elendig
ohne dich.
Ein Stich
in die Seele,
ein Stich
ins Leben,
wie soll es dir
je vergeben?
Siehe, wie der Geist erbebt,
höre, was das Herz erfleht,
lausche, wie es leise spricht:
Es sticht,
sticht,
sticht,
bevor es
mich bricht,
brich,
brich,
brich
dein Schweigen,
beende mein Leiden,
doch
zerbrich
mich
bitte
nicht
ewiglich.

Erst, wenn du nackt und blank darniederkniest

höre auf,
mir von Kahlschlag zu erzählen,
denn du erzählst
noch immer
viel zu viel

höre auf,
mir von Verzicht zu erzählen,
denn du hast
nie wirklich
von allem genug

höre auf,
mich mit Heucheleien zu quälen,
denn du quälst
dich noch immer
nicht genug

höre auf,
das naheliegendste Ziel zu verfehlen,
denn du zielst
noch immer
nicht scharf genug

erzähle mir nichts von Überdruss,
erst wenn du alles erbrichst,
all den Überfluss,
in dem du dich
noch immer
wälzt und windest,
erst wenn du dich
in nichts mehr
wiederfindest,
erst wenn du vor der Leere fliehst,
wenn du nackt und blank
darniederkniest,
erst wenn
du das Nehmen,
das Geben
und das Erzählen
darüber
unterlässt,
stellst du dann wahrhaftig fest,
wie es ist, wenn du
nichts und niemanden
mehr hast,
dann spürst du
die schwere Last,
nichts mehr zu sein,
außer allein,
wenn du nichts mehr bist,
wenn du nichts mehr besitzt,
wenn du dein eigenes Herz erbrichst,
um noch etwas Warmes zu fühlen,
um in abgeranzter Liebe zu wühlen,

um noch etwas Lebendiges zu sehen,
doch auch das, mein Schatz,
das muss vergehen,
warte,
bis du
im Nichts
ertrinkst,
bis du dich selbst
in die tiefsten Tiefen
und noch tiefer
zwingst,
bis der Nullpunkt
dich zerbricht,
erst dann
weißt du,
was Kahlschlag
ist

höre auf,
mir von Kahlschlag zu erzählen,
denn du erzählst
noch immer
viel zu viel

Es wird nicht brechen

Bevor ich gehe,
überlasse ich dir mein Herz.
Es ist weich und warm,
samtig gebadet in reinem Schmerz.

In der Dunkelheit geboren,
so oft gefallen, fast immer verloren,
von seiner Existenz besessen,
so oft misshandelt, nicht selten vergessen.

Ob Marter, Folter, Plage, Pein,
mein einziges Herz wird immer sein,
was das Schicksal ihm einst prophezeite,
als es mutig sich von seiner Last befreite.

Mein weiches Herz hat viele Schwächen,
doch niemals nie wird es zerbrechen.
So ist es ganz und heil und ungebrochen,
so wie versprochen, für immer dein.

Mein Herz,
es wird nicht brechen.

Exzess

Exzess ~
einzigartig
vielfältig
silhouettenhaft
zwiespältig
abgespalten
nicht aufzuhalten
wahrscheinlich unscheinbar
anscheinend unsichtbar
gebrochen unter
federleichter Last
verfangen
im Kontrast
gefangen
im Morast
möglicher
Unmöglichkeiten
endlicher
Unendlichkeiten
zärtliches Ringen
auf stahlharten Schwingen
abgehoben
hochgeflogen
im Sein verhallen
aus der Welt gefallen
in ein samtig raues Kokon
aus bitterlieblicher Tristesse
~ Exzess

Fressen
und gefressen werden

Fressen
und gefressen werden,
das ist
der Lauf der Welt.
Hast du
wirklich gedacht,
sie sei gut
und dreht sich so,
wie es alleine dir
gefällt?
Dann bist du
dein Opfer
nicht zu Ende
gedachter Gedanken
und dein Täter
zugleich,
dann bist du
Jäger und Gejagter,
dann bist du,
dann isst du
dein eigenes
verwesendes
Fleisch.

Gedankenkarusell

Am Ende deines Denkens
liegt ein kleines Stück
großes Glück
zu Ende gedachter Gedanken,
siehst du sie wanken,
torkeln und schlendern,
sie werden nichts
an deinen Nöten ändern,
aber sie waren dabei
und durften leben,
in deinem verkopften Schädel
überdrehen und beben,
für dich ein Fluch,
doch die Gedanken
jubeln vor Glück,
morgen kehren sie
zu dir zurück.

Gedankenlauf, lauf, lauf davon

der Gedanke läuft davon
ich laufe mit
Schritt für Schritt
dann der Tritt
dann der Schlag
er will mich abschütteln
ich will ihn durchschütteln
der Gedanke läuft schneller
ich laufe mit
Schritt für Schritt
dann der Schnitt
dann das Blut
er will mich erlegen
ich will ihn überleben
der Gedanke bleibt stehen
denn ich halte ihn an
wir sind jetzt Vergangenheit
und Gegenwart
wir sind beide hart
im Nehmen und geben uns Nichts
ich laufe davon
der Gedanke läuft mit
Schritt für Schritt
wir sind Zukunft
wir sind Jäger und Gejagter
Plage und Geplagter
dieser eine Gedanke
und ich

Geisteshaltung

ein Hirn
ein Herz
eine Erkenntnis
ein Schmerz
alles rattert
und steht still
zugleich
eine Seele
schwer wie Stein
und fällt
doch weich

ein Geist
so zerrissen
zu sehr
verbissen
kann es nicht lassen
sich in Worte zu fassen
muss immer reden
über das Leben
muss immer schrei'n
über das Sein
ist verfangen
im Verlangen
nach Vergeltung
für Ewighaltung
die man ihm tat
ungefragt

in einen Leib gesperrt
Umkehr verwehrt
trotzdem soll er sein
ohne Not
ohne Pein
ein freier Geist
der lobt und preist
das Leben
das ihn zerreibt
ihn einverleibt
die Liebe
die ihn plagt
ihn wieder
und wieder
in die Hölle jagt

ein Geist
verwaist
der rattert
und stillsteht
zugleich
der redet
und schreit
fällt niemals
weich

Gemeinsam
einsam

Als wir in Trümmern lagen
zwischen Kummer, Sorgen, Klagen,
versenkten wir im Stillen
den einst unbändigen Willen,
gemeinsam wieder aufzustehen,
irgendwo zusammen hinzugehen.

Verstummt und steif
blieben wir liegen,
auch im Liegen geht das Lieben,
niemand kann für immer fliegen,
niemand kann für immer schweben,
auch im Liegen geht das Leben,
vielleicht sogar ein bisschen mehr.

Geschlossene Gesellschaft

heimlich und lautlos
schließe ich die Tür zur Welt
weil sie mir ohne mich
tausendmal besser gefällt
sie macht mich
zu voll
zu viel
zu bedrängt
zu sehr genötigt
zu sehr beengt
zum Atmen verdammt
zum Leben gezwungen
aber bis auf die Knochen
ausgewrungen
zu viele Laute
zu viele Stimmen
Kakophonie vom Neubeginnen
alles regeln
alles bestimmen
nur Zwang im süßsauren Meer
der Massen mitzuschwimmen
zu viele Pflichten
zu viele Fragen
zu viel Druck
zu viel zu ertragen

zu viel Tanz
ohne Substanz
um eingelegte
und faule Eier
zu viel des Guten
immer wieder
die alte Leier
zu viele oberflächliche Phrasen
zu viele Lügen
die mich um meine Zeit betrügen
zu viele hässlichschöne Eitelkeiten
gebettet auf zweifelhaften Gewesenheiten
ich
verschlossen
Gesellschaft
geschlossen
geräuschvoll beleidigt
schließt sich die Tür der Welt
ich bin wohl auch nicht das
für was sie mich hält

Heilen
oder
Verweilen

Wunden heilen oder verweilen
mein Leben lang.
Nun sind wir Vergangenheit,
nun sind wir gewesen,
die Welt dreht sich weiter,
mein Leib wird weiter leben.
Doch das ist alles,
was von mir bleibt,
mein Herz, meine Seele, mein Geist
sind Vergangenheit.
Der ständige Kampf
um Gerechtigkeit
hat mein Herz
in abertausend Stücke zerteilt,
der Glaube an bedingungslose Liebe,
die unerfüllt gebliebene Sehnsucht
nach Geborgenheit
hat mich und meine Seele entzweit.
Was von mir bleibt,
ist mein geschundener Geist,
der Ozeane von Tränen weint,
doch auch das
wird irgendwann
Vergangenheit.
Wunden heilen oder verweilen
mein Leben lang.

Hinter den Augäpfeln,
schlägt Liebe
salzige Wellen

Alles sieht
nach Liebe aus.

Der Druck hinter den Augäpfeln wird stärker.
Die Kehle schnürt sich eng zusammen.
Auf dem Brustkorb ruhen
Tonnen voller Liebe.

Erdrückend.
Erstickend.
Unerträglich.

Hinter den Augäpfeln schlägt die Liebe salzige
Wellen, brandet, bricht aus, fließt, fließt, fließt
aus den Augenhöhlen hinaus.

Alles sieht
nach Leere aus.

Ich hätte schwören können, dass der Wind es war

Ich hätte schwören können,
dass der Wind es war,
der deinen Namen
wispernd in meine Ohren pfiff,
mein Trommelfell zerriss,
der durch mich fuhr, in mir zerbarst,
meine Herzscheidewand zerstach,
mich in abertausend Teile brach,
bis das Existieren ich vergaß.
Ich hätte schwören können,
dass der Wind es war,
der dich von meiner Seite nahm,
der uns trennte und zerteilte,
der die Tränen brachte, die ich weinte,
der Liebe und Tod in mir vereinte.
Ich hätte schwören können,
dass der Wind es war,
doch als ich in die Wahrheit sah,
erkannte ich in deren fahlem Licht,
dein wunderwunderschönes Gesicht,
wie es all die Worte zu mir sprach,
so hässlich und zugleich so zart,
bevor du uns das Leben nahmst.
Ich hätte schwören können,
dass der Wind es war,
doch der Wind steht still,
über unserem Grab.

Ich hatte keinen Kopf, aber ich dachte

Ich hatte keinen Kopf,
aber ich dachte.
Ich war in Trauer,
doch ich lachte.

Ich hatte keinen Mund,
aber ich sprach.
Ich hatte keine Knochen,
doch ich brach.

Ich hatte keinen Verlust,
doch ich verlor.
Ich konnte nichts versprechen,
aber ich schwor.

Ich hatte kein Herz,
aber ich liebte.
Ich hatte nichts zu gewinnen,
doch ich siegte.

Ich hatte keine Glieder,
doch ich ging.
Ich war verschlossen,
aber ich empfing.

Ich hatte keine Stimme,
aber ich schrie.
Ich hatte nichts gestohlen,
doch ich war ein Dieb.

Ich bin gewachsen,
aber nicht über mich hinaus.
Mein Feuer brannte,
doch nun glüht es aus.

Ich hatte keine Augen,
aber ich sah.
Ich hatte kein Leben,
doch ich war.

Ich in mir
mit dir allein

ich verspüre
ein tiefes Begehren
in mich zu kehren
in mich zu verkriechen
an meinen Sünden zu riechen
den Duft meiner Sehnsucht zu atmen
auf nichts und niemanden zu warten
nur auf die Ruhe
nur auf die Stille
in mir

in mir
verspüre ich
ein tiefes Verlangen
Freiheit einzufangen
nach Achtsamkeit
aus Zärtlichkeit
nach einfachem Sein
ohne Not
ohne Pein
ganz allein
mit dir

mit dir
verspüre ich
ein tiefes Bedürfnis
dich zu spüren
dich zu berühren
dich zu verführen
an deinen tiefsten Tiefen zu riechen
noch tiefer in sie hineinzukriechen
um deine größte Sünde
und tiefste Liebe zu sein
deine ärgste Not
deine schlimmste Pein
in aller Ruhe
in aller Stille
ich in dir
mit dir allein

Ich lasse dir
ein Licht an

Ich lasse dir ein Licht an,
das hatte ich dir versprochen.
Mein Wort war es nicht,
das brach,
das Licht wurde gebrochen.

Vom Leben hinter Milchglasscheiben,
vom Zermürben, vom Zerreiben,
nicht mitgegangen,
doch mitgefangen,
das Licht gab auf,
ist ausgegangen.

Nun sieh mein brennendes Herz,
das voller Inbrunst
für dich schlägt,
Komm nach Hause,
schlägt es im Takt,
es leuchtet dir
deinen langen Weg.

Ich folge deinem Herz,
das hattest du
mir versprochen.
Dein Wort war es nicht,
das brach,
das Herz wurde gebrochen.

Rot schimmert seine Glut,
gebettet in tiefschwarzem Blut.
Ich hoffe,
du kommst nicht zu spät,
wenn der Wind
längst meine Asche verweht.

Ich möchte Schneisen
in die Wolken schlagen

Es sind sehr viele Wege,
die ich gehen könnte,
wenn ich wollte,
wenn ich wüsste,
welches Ziel
ich erreichen
wollen würde,
doch weder weiß ich dies
noch weiß ich das,
doch weiß ich sehr genau,
dass ich gar nicht
gehen möchte,
nicht laufen,
nicht rennen,
ich möchte
einfach nur
sitzen
und schauen
und sehen,
wie andere
ihre Wege gehen,
wie sie ihr Ziel verfehlen,
sich weiter quälen,
endlich irgendwo
anzukommen,
anstatt einfach
zu sein.

Ich möchte nur
meine Pfade,
die ich nie beschreite,
in den Himmel malen
in bunten Farben
und magischen Zahlen,
in Kilometern
und Meilen
dort verweilen,
ich möchte Schneisen
in die Wolken schlagen,
meine Träume
durch sie
auf Händen tragen,
doch werde ich
es niemals wagen,
von meinen Ort
hier fort
zu gehen,
du sagtest doch,
und darauf
habe ich gebaut,
darauf habe ich vertraut,
du sagtest doch,
ich soll nicht gehen,
du sagtest doch:
Auf Wiedersehen.

Ich
Überbleibsel

~ du willst mit mir weitergehen
doch ich bleibe
bleibe
bleibe
nein!
ich bleibe nicht
ich bleibe stehen
ich lasse dich alleine gehen

du willst mich wiedersehen
doch ich muss mich drehen
drehen
drehen
ja!
ich muss mich drehen
wegdrehen
von dir

du willst dich nicht trennen
doch ich muss rennen
rennen
rennen
ja!
ich muss rennen
weit wegrennen
vor dir

ich kann mich nicht weiterquälen
dir wird schon nichts fehlen
fehlen
fehlen
ja!
fehlen
wird das Quälen
mir nicht

ich kann nicht bleiben
ich will nicht leiden
leiden
leiden
nein!
leidend
bleiben
kann ich nicht

alles ist hinüber
nichts bleibt über
über
über
doch!
übrig bleiben
überleben
muss ich ~

Ich
verstehe
mich

Es ist klar, dass du mich nicht verstehst,
weil du glaubst,
dass du mit beiden Beinen
auf dem Boden stehst,
derweil mein Kopf
in den Wolken hängt,
und du glaubst,
dass er alles verdrängt,
doch ist die Sicht hier oben
breit und weit, ich sehe alles
zu jeder Zeit,
ich sehe, auf welchem Grund du stehst,
es ist klar, dass du mich nicht verstehst,
denn ich sehe die Furchen
und die Schneisen,
ich weiß um die darunter
verrottenden Leichen,
ich weiß,
dass du verkennst,
was du verdrängst,
ich weiß, dass du glaubst,
ich sehe das nicht,
doch aus meiner Sicht
sehe ich viel zu viel
von deinem
absurden Spiel,

aus meiner Perspektive
sehe ich deine wilden Triebe,
ich sehe, was du ausheckst,
ich sehe, was du versteckst,
das ist der Grund,
warum ich mit dem Kopf
in den Wolken hänge,
warum ich verdränge,
warum meine Augen
sich verschließen,
ich müsste dich
erschießen,
um zu
ertragen,
was du
unter deinen Füßen
vergraben
hast,
ich verstehe mich,
ich verstehe dich,
verstehst du mich?

Immer diese Farce

Immer diese Selbstliebe,
immer diese Umtriebe,
wild in sich
herumzuwühlen,
sich durch sich selbst
erfüllt zu fühlen,
sich selber stets genug zu sein,
egal, ob geplagt, ob unglücklich,
ob verloren, elend oder allein.
Immer diese Farce
über dieses halbgefüllte Glas,
über positives Denken und
schlechte Gedanken umlenken,
immer dieses Ringen,
immer dieses Springen
durch brennende Reifen,
ohne zu begreifen,
dass man nicht alles
schönreden kann,
nicht jedes Ende
ist ein Neuanfang,
nicht jede Erfahrung
ist eine Lektion,
manchmal ist jeder
die verflucht
schlechteste Version
von
sich
selbst.

Manchmal soll es
nun mal nicht sein,
Wasser wird nicht
plötzlich Wein,
dafür ein warmes Herz
zum kalten Stein.
Denn hin und wieder
hat man einfach
üble Kacke
an der rechten
oder linken Backe,
manchmal auch an beiden,
manchmal muss man leiden,
manchmal muss es sein,
und manchmal
ist jeder
ein Charakterschwein.

Im Windschatten lieben

Vom Winde verweht,
alles schwebt,
doch nichts vergeht
im Schatten
der Ratten,
verfangen
im Verlangen
nach
noch
mehr
Wind.

Vom Winde verweht,
alles verdreht,
von dort nach hier,
[wer sind wir?]
wieder zurück,
geheimes Glück,
ohne Ende,
nur mit Beginn,
sinnbefreit
ergibt
alles
Sinn.

Vom Winde verweht,
niemand versteht,
die Macht
der Verflogenen,
die Freiheit
der Belogenen,
nichts zu wissen,
alles zu sein,
süße Lügen,
pur
und
rein.

Vom Winde verweht,
Wahrheit gesteht,
Gesetze vernichtet,
niemand richtet,
weil keiner weiß,
wie hoch ist der Preis,
fürs Fügen in Lügen,
die sich um sich selbst betrügen,
die verwehen
im
Schatten
des
Windes.

In die Tränen gefallen

Gefallen in mein Tränenmeer
aus zu viel Mangel,
aus zu wenig Überfluss,
spielst du toter Mann,
lässt du dich treiben
auf der Oberfläche
meiner Tränen.

Gefangen in meinen Tränen
aus zu viel Liebe,
aus zu wenig Hass,
spiele ich Überlebende
lasse ich mich fallen
in den Abgrund
deiner ungeweinten Tränen.

In fremder Willensstille

Ja, diese Stille
ist mein Wille,
im Schatten zu leben,
im Geheimen zu beben,
im Dunklen und versteckt zu sein,
so trüge ich deinen schönen Schein.

Ja, dieses Geheime,
du weißt, was ich meine,
doch du willst davon nichts hören,
dein feines Leben soll nichts stören,
obwohl die Schatten allgegenwärtig sind,
stellst du dich lieber taubdumm und blind.

Ja, diese Tragik
war so nicht gedacht,
doch jeden Tag und jede Nacht
findet sie in deinem Leben statt,
von morgens bis abends wirst du betrogen,
ein Herz gebrochen, ein Herz belogen.

Ja, dieses Herz, das du nicht mehr ehrtest,
dem du Versprochenes verwehrtest,
du hast dich nicht darum gekümmert,
es lag brach, fast tot, verkümmert,
erst als die Schatten
es in ihre Obhut nahmen,
wolltest du es wieder haben?

Ja, es fand Erfüllung
in dunklen Schatten,
doch wirst du es
nie dort ertappen,
es nimmt dir kein Stück von deinem Glück,
klage nicht, es kehrt ja stets zu dir zurück.

Ja, deine Klagen
verhandelt kein Gericht,
denn nur für dich
üben die Schatten Verzicht,
sie lassen dir dein restliches Sein,
sie bewahren deinen schönen Schein.

Ja, diese Wahrheit
bringt schmerzhafte Klarheit,
doch auch du entschiedest
still zu sein und stumm zu schweigen,
im Schatten und im Geheimen zu leiden,
ja, diese Stille ist dein Wille.

Ja, dieser Wille bindet dich, ewiglich,
nie wirst du die Schatten vergessen,
sie werden deine Seele auffressen,
denn du bist nicht ehrlicher als das Herz,
das dich in den Schatten betrügt,
weil du dich am meisten selbst belügst.

In vollen Zügen
lügen

Wären wir ehrlich,
würden wir
uns nicht fügen
in Plattitüden
aus Lebenslügen
von Menschen,
die trügen.

Wären wir ehrlich,
würden wir
uns selbst genügen,
anstatt uns
in vollen Zügen
selbst zu belügen.

Wären wir ehrlich,
würden wir
verlassen,
was wir
hassen,
uns nicht einlassen
auf Karkassen
aus Grimassen
von Menschen,
die es nicht
dabei belassen,
uns zu hassen,

die nicht ruh'n,
bis sie es tun,
uns richten
und vernichten,
die uns
unendlich
schändlich,
unmenschlich
Leid zufügen,
die uns rügen
für ihre Lügen,
die wir
durch sie
geworden sind.

Ins weite Meer geworfen

... ich warf mein Herz
ins weite Meer
es trug so lange
viel zu schwer
zu lange Zeit
an Trauer
an Liebe
an Lüge
an Leid ...

... ich warf
mein Herz
ins weite Meer
auf sanften Wellen
schwamm es hin
schwamm es her
Woge um Woge
trieb es davon
davon
davon
trieb es dahin
mein Herz allein
ganz ohne Sinn ...

... die Wahrheit ist
so war es nicht
mein Herz ertrank
es sank
es sank
es sank
ganz allein
auf den Grund
des Meeres
wie ein Stein ...

... ich warf
mein Herz
ins weite Meer
dort wo es
nun einsam ruht
geht es ihm
wahrhaftig gut
so alleine
so leer
schmerzt
schmerzt
schmerzt es
nun nicht mehr ...

In Teufels Händen

In meiner Seele
glühen Gelüste,
in meiner Seele
die der Teufel küsste,
meine verfluchte Seele.

In meinem Leib
wachsen Früchte,
in meinem Leib
voller Süchte,
mein verfluchter Leib.

Aus meinen bebenden Lippen
drängt ein Flehen,
aus totgeborenen Lippen
dringt kein Schrei:
Aus und vorbei.

In meinem Herzen
wächst die Wehmut,
in meinem Herzen
wächst, was wehtut,
mein verfluchtes Herz.

In meinem Geist
reifen Gedanken,
in meinem Geist
aus toten Planken,
mein verfluchter Geist.

In meinem Leben
wächst die Wut,
in meinem Leben,
das Leid antut,
mein verfluchtes Leben.

In meiner Welt
in Teufels Händen,
in meiner Welt,
in der wir enden,
in meiner verfluchten Welt.

Irgendwo
im Pinienwald

Irgendwo,
tief im Pinienwald,
findet ein Herz
keinen Halt,
zerbrochene Frau,
vor Sorge
schwarzgrau,
wartet
auf ihren Held,
keine Hoffnung
ihr Leiden
abstellt,
nur Wahrheit
offenbart,
im Sehnen
verharrt,
unwiderruflich
grässliches Wissen,
Tränen fallen
wie Schauer
auf längst
durchnässte Kissen.

Irgendwo,
unter den Pinien,
gebrochener Soldat,
so viel Verrat,
Treue und Ehre
mündet in
verbrannter Erde,
gefallenes Herz,
unendlicher Schmerz,
ein letzter Gruß
an die Geliebte,
die einst sein Herz
mit Feuer umwebte,
der Knochenmann
will nicht warten,
kein Erbarmen
für nutzlose Soldaten,
ein letzter Kuss
in sterbenden
Gedanken,
Gevatter Tod kommt
versiechendes
Leben tanken.
Irgendwo.

Jetzt loslassen

Loslassen
werde ich
mein Wort.
Mein Wort
ist mein Hort.
Loslassen
werde ich
meine Welt.
Meine Welt
am Wort
zerschellt.
Loslassen
werde ich
mein Loslassen.
Mein Loslassen
ist mein Erschaffen
meiner Welt,
die mich verdunkelt,
die alles erhellt,
die Wort und Hort,
die mich,
die alles
zusammenhält.
Loslassen
werde ich jetzt

oder
nie.

Jubel
Trubel
Eitelkeit

Bezaubernde Scheinheiligkeit

Du zeigst
der Welt
dein schönes Gesicht,
doch sehen die Menschen
dich trotzdem nicht.

Aber du willst
so dringend
aus dem Schatten ins Licht,
ganz gleich, ob ein Mensch daran
neben dir zerbricht.

So stellst du
die ganze Welt
vor Gericht,
doch ihre wahren Klagen
bemerkst du nicht.

Du forderst
nur derb
Gerechtigkeit und Verzicht,
wem du dabei unrecht tust,
tangiert dich nicht.

Du kämpfst
ungefragt,
als sei es deine Pflicht,
doch hohle Worte
helfen den Menschen nicht.

Dich kümmert
das in Wahrheit nicht,
du zeigst der Welt nur
dein hässlich schönes,
wahres Gesicht.

Kopf
Stein
Pflaster

wie sollen wir
Hoffnung schöpfen
im toxischen Sud
aus zermalmten Köpfen?
wir haben unseren Frieden
selbst gemacht
dem Krieg in uns
ins Antlitz gelacht
die Waffen ruhen
in blutigen Truhen
Kapitulation
durch Desertion
denn wo wir nicht sind
können wir nicht leiden
in verdorbenes Fleisch
will niemand schneiden
für eine lange Reise
in die Realität
ist es vielleicht
noch nicht zu spät?
auf schweren Wegen
üben wir uns im Vergeben
strauchelnd schreiten wir voran
kommen wir erneut bei uns an?

wir rätseln
und wir fragen nicht
wir blicken dem Schicksal
nur stumm ins Gesicht
bittersüß werden wir
uns gewahr
alles ist
wie es mal war
auf dem kopfsteinigen Pflaster
der Melancholie
stirbt Hoffnung zuerst
oder nie

Kopfunmensch

Du möchtest verschwinden
und bitte nicht mehr,
bitte, dich wirklich nicht mehr
an Gedachtes binden;
du möchtest deinen Kopf entleeren,
und bitte nicht mehr,
bitte, wirklich nicht mehr
Gedanken mehren;
und doch wächst schon wieder
viel zu viel, wirklich viel zu viel
verfluchtes Gefühl in dir.
Doch kannst du es nicht unbedacht fühlen,
du musst es bis auf seinen Grund zerwühlen,
erfassen, begreifen, Erklärungen schleifen,
obduzieren, ziselieren,
von vorne nach hinten nach vorne rücken,
bis zur Unkenntlichkeit ausschmücken,
und wieder zerteilen, verharren, verweilen,
immer nur Denken, gezieltes Ablenken,
Schädelqualmen, Gefühlzermalmen,
Tag ein, Tag aus,
Gedanken rein, Gedanken raus,
bis tief in jede Nacht,
schlägst du dich in der Gedankenschlacht,
du hast den Kampf begonnen,
dich mal wieder nicht besonnen,
und dann beklagst du dich
wahrhaftig kläglich, jämmerlich:

»Ich weiß nicht, was ich denken soll,
mein Kopf ist dazu viel zu voll!
Ich fühle einfach nichts!«

Oh, bitte, das wundert mich
nun wirklich nicht.

Krieg und Frieden
und Lieben

Wenn wir streiten, streiten wir nicht,
wir stellen uns vors Kriegsgericht.
Mit Messern und Macheten
bleibt keine Zeit zum Beten,
mit Fallgruben und Finten,
mit Revolvern und Schrotflinten,
mit geladenen Haubitzen,
jeder Schuss muss sitzen,
geben wir uns
dem Gemetzel hin,
nur das gibt dem Lieben Sinn.
Wir zeigen uns,
dass wir lebendig sind,
ein Orkan ist längst kein Wind,
der uns auseinanderbringt.
Wir haben den Mut,
uns unsere hässlichsten Seiten zu zeigen,
und trotzdem beisammen zu bleiben,
vielleicht auch aus diesem Grund,
vielleicht werden wir deshalb nicht gehen,
weil wir uns selber ineinander sehen?
Warum sollten wir unser Selbst verlassen,
wenn wir uns doch so schön hassen?
Wir sind Krieg, wir sind Frieden,
ob wir uns verlieren oder uns besiegen,
was gibt es Wahrhaftigeres,
als sich immer wieder
in sich selbst zu verlieben?

Lautlosigkeit

Hast du bemerkt,
dass ich verschwinde,
wie ich mich winde,
dass ich immer
weniger werde,
dass ich sterbe?

Dein *Ja*,
das ich erhoffte,
hörte ich
nur in Gedanken,
dein gedachtes *Nein*
löste die Schranken,
alle Barrieren und Blockaden,
die zwischen mir
und dem Sterben lagen,
wurden gebrochen,
die Leinwand aus Liebe
wurde zerstochen.
Ich wickele mich
in ihre Fetzen ein,
mein letztes Gewand
soll sie gewesen sein.

Deine Lautlosigkeit
ist meine Ewigkeit,
dein schwirrendes Schweigen
zwischen uns beiden
wurde zum Vollstrecker
und Wundenbedecker
zur gleichen Zeit,
jetzt ist es soweit,
es tut nichts mehr leid,
es tut nichts mehr weh,
wenn ich nun geh'.

Mein letzter Wille
ist nicht dein Wollen,
deine bittersüße Stille
aus ersticktem Seufzen
und lautlosem Grollen
läutet das stumme Scheitern ein.
Ich sollte nie sein.
Dein plötzlich
geflüstertes *Vielleicht,*
das über unserem Abschied weht,
ich höre es,
doch viel zu spät.

Licht
aus

so bin ich nicht
sprach das Licht
und brach
und brach
und zerbrach
in tausend Teile
Dunkelheit
in größenwahnsinnige
Feinsinnigkeit
getränkt in
purer Eitelkeit
überzeugt von
eigener Unsterblichkeit
geströmt
durch von Gift
zersetzte Lungen
mit mehrfach
gespaltenen Zungen
süß eingespeichelt
sanft umschmeichelt
ausgespuckt
und ausgespieen
Erbrochenes
Versprochenes
und erstickt
in bitterzartem Widerhall

ein tiefer
tiefer
tiefer
Fall
auf gestählte Widerhaken
mit hässlichschönen Kakerlaken
ins gemachte Bett gelegt
und untergeht
was
niemals
war
und niemals
wahr gewesen
und verwesen
in klebrigsüßen
Widerworten
alles Verlorene
neu verorten
niederknien
in Schutt
und Dreck
alles muss raus
alles muss weg
nie gehalten
alles gebrochen
was geschworen
was versprochen
und verdorben
grauender Morgen

abgedunkelt
was einst
so hell
gestrahlt
gelogen
und geprahlt
was einst
so schön
gewesen
ausgelesen
und auserzählt
Wahrheit gewählt
zu Tode gequält
im lichtleeren Raum
ein dunkeldurchfluteter Traum
das war ich nicht
sprach das Licht
und flackerte
und flunkerte
und ging
hinaus
und blieb
und blieb
und blieb
für immer
aus

Liebend
bleiben

... ist Lieben
Bleiben ...
trotz Zerreiben
trotz der Leiden
trotz der Herzen
in klein gehackten
Herzschmerzscheiben?
... ist Bleiben
Liebe ...
wenn man sich nicht trennt
weil man es nicht anders kennt
weil man den Absprung verpennt
und weil man es dann Liebe nennt?
... ist Lieben
Gehen ...
bleiben wir nicht trotzdem stehen
wenn wir gehen
und alles lassen
wie es einst gewesen ist?
... ist Gehen
Liebe ...
lieben wir nicht trotzdem weiter
fließen wir nicht ab wie Eiter
aus der Wunde, die sich Liebe nennt
um in Frieden zu verweilen
um in Liebe zu verheilen?

Mauer
ohne
Blümchen

Hinter unseren Mauern
lecken wir unsere Wunden,
unter unseren Wunden
liegen wir brach,
hinter uns liegt ein steiniger Weg.

Auf unserem Weg
spaziert unsere Sehnsucht
nach einem Leben
ohne Mauern
gegen die Wand.

Mehr
Enge

Erst wurde es mehr
und dann zu viel,
dieses Gefühl,
das uns überfiel.

Aus einer Pfütze
der Glückseligkeit
wurde ein Ozean
der Unerträglichkeit.

Aus Atmen wurde
um Atem ringen,
aus Lieben
wurde Liebe erzwingen.

Aus Nähe wurde Enge,
aus Mehr wurden mehr Zwänge,
aus verbindendem Schweigen
wurde trennendes Leiden
und zugleich das Letzte,
das wir stets gemeinsam haben.

Erst wurde es mehr
und dann zu viel,
dieses Gefühl,
das uns überfiel.

Meine Asche
in deinem Wind

~ meine Asche
fliegt und fliegt
davon
davon
über die Wipfel
der Bäume
die wir einst pflanzten
in ihren toten Ästen
deren Spitzen
bis in den Himmel ragen
[wo fängt er an? wo hört er auf?]
hängen unsere Träume
wie gestrandete Ballons
der Wind sollte sie
in unsere Zukunft tragen
doch er trug sie
davon
davon
wie die verwelkten Blätter
unserer nie festgewurzelten
Bäume
der Wind
der mich einst mit sich trug
bist du
und du
du bist der Wind
der meine Asche
verweht ~

Mein finster Licht

Furcht vor der Nacht
Furcht vor dem Traum
Furcht vor dem Fall
im freien Raum
wenn sich in Finsternis gebettet
mein Geist ins selige Sterben rettet
mein Innerstes sich
nach außen stiehlt
das Äußere
totalen Stillstand befiehlt
wenn ich mir selbst
den Krieg erkläre
wenn ich Waffen
aus diffuser Wahrheit gebäre
aus der es kein Entkommen gibt
wenn Realität sich final selbst besiegt
wenn jegliche Logik darnieder liegt
Furcht vor der Furcht
mit der ich bin
alle Sinne
ohne Sinn
ohne Zweck
mit der Furcht
sie geht nie weg

ich und die Furcht
durch Zeit und Raum
ich und die Furcht
durch Nacht und Traum
zum Fallen verdammt
und wir fallen
wir fallen
wir fallen
wir fallen
doch plötzlich
können wir fliegen
obwohl wir liegen
ganz nah beieinander
abgewandt
Hand in Hand
obwohl wir wandern
auf ausgetretenen Wegen
die sich uns ergeben
die immer dort sind
wohin wir sehen
wo zuvor nichts war
schon sind wir da
wir blicken uns um
die Furcht wird stumm
ich werde laut
vor uns aufgebaut
hat sich ein Licht
aus Fantasie
es bricht
es bricht
es bricht

erst die Furcht
dann bricht es mich
dann bringt es Frieden
dann bringt es Lieben
mein Finsterlicht

Mein Herz
so schwer

mein Herz
so schwer
versunken
versunken
versunken
im Meer
mein Anker
aus Unsterblichkeit
in tiefsten Tiefen
mein Herz
zum Himmel schreit
mein Herz
das Liebe zerteilt
Liebe
die in der Hölle
schmort
verbrennt
verglüht
wie Blüten
verdorrt
Liebe wie Blumen
die blühen
von Mai
zu Mai
mein Herz
so schwer
mein Herz
so frei

mein Herz
es fliegt
es fliegt
es fliegt
an Erlösung
vorbei
mein Herz
mit Flügeln
zum Schweben
geboren
Liebe aus Liebe
mein Herz
so verloren
meine Liebe
in Stein
gemeißelt
mein Herz
von meiner
Liebe
gegeißelt
mein Herz
so schwer
es liebt
es liebt
es liebt
dich
so sehr

Mein Herz
so treu

mein Herz
so verwurzelt
mein Herz
in wildem
Geäst
mein Herz
so allein
mein Herz
so verletzt
mit scharfem Messer
ausgehöhlt
mit Pech und Schwefel
aufgefüllt
in reiner Sehnsucht
eingehüllt
wimmere ich
unser Liebeslied
anstatt dass ich
es singe
dabei leise
verklinge
im Nebel
mein Dasein
verbringe
für was noch leben
wem was geben
anstatt dass ich gehe

anstatt dass ich sterbe
gebäre ich Blei
mein eigenes Erbe
mit dem ich versinke
in dem ich ertrinke
so verbleibe ich
mein Herz
so erfüllt
mein Herz
so leer
mein Herz
so treu
mein Herz
so schwer
mein Herz
mein Gewimmer
mein Herz
für immer
verkümmert
für immer
dein

Mit heroischem Verstand

mit heroischem Verstand
haben wir uns erbärmlich verrannt

alle Schatten haben wir gesehen
wohin soll unsere Reise
denn nun gehen?

ohne dich
ohne Licht
geht es nicht

wir hängen
an dir
es drängt uns
nach dir

wo bist du bloß?
ohne dich
sind wir
heimatlos

hörst du nicht
unser drängendes Flehen
nach einem Wiedersehen?

spürst du nicht
unser Sehnen
nach dem Leben?

siehst du nicht
wie sehr wir leiden?
vergiftet mit Schwermut
in den Eingeweiden

geplagt von Sorgen
vor dem nächsten Morgen
ohne dich

komm zurück
verfluchtes Glück

Mit scharfem Beil
ins Seelenheil

Du schlägst mit scharfem Beil
in dein eigenes Seelenheil.
Wenn dein Herzblut fließt,
sich in unbekannte Seelen ergießt,
die es gierig empfangen,
die sich unbefangen
hinter den Fassaden
selbst entladen,
die sich ergötzen an deinem Leid,
an deinem vergehenden Seelenleib,
mit gespitzten Ohren
an deinem Wimmern,
die sich sonst um nichts
und niemand kümmern,
die in deinem Blutsud baden
wie Maden im fetten Speck,
ergibt das Offenbaren dann einen Sinn,
erfüllt das Bluten noch seinen Zweck?

Mord
Lust

die Gedanken waren da,
die Gedanken sind weg,
die Herzen schlagen
am rechten Fleck,
für den richtigen Menschen
am falschen Ort,
Mord ist
ein hässliches Wort,
und ein hässliches Tun,
die Gedanken sind da,
die Gedanken ruh'n,
der Ort wird verlassen,
die Denkenden leiden,
die Herzen schlagen,
die Menschen schweigen

Morgen erleben

Noch bevor der erste Vogel
sein morgenlichtiges Lied anstimmt,
stehen wir mit einem Bein in der Hölle.
Wir schauen der Welt beim Erwachen zu,
während im Hintergrund
unser Leben brennt.
Regen wäre schön, aber wir bekommen nie,
was wir uns wünschen.
Wir lassen unsere Tränen regnen,
aber sie löschen das Feuer nicht final,
das taten sie noch nie.
Die Glut ist mächtig,
so viel allmächtiger als wir.
Dunstschwaden vernebeln
nicht nur unsere Sinne.
Am Morgen glauben wir nicht
an ein Morgen, aber das glaubten wir
auch gestern nicht.
Das Gezwitscher beginnt
und reißt uns aus der Lethargie,
das Dunkel der Nacht verschwindet
und wir müssen beginnen zu leben,
wenigstens heute noch einmal.
Niemand anderes tut es für uns.

Mutter
Kind
Liebe
Tod

Der Tod
konnte uns nicht scheiden,
du wirst immer
in mir bleiben.
Manchmal ist es
ein Fluch,
manchmal
ein Segen,
denn du lässt dich
nicht nur
in mir
weiterleben.
Du bist gegangen,
doch alles blieb
bei mir zurück,
ich sehe dein Leid,
ich sehe dein Glück.
Ich sehe dich zwar nicht,
doch im Spiegel
bin ich dein Gesicht.

Mut zur Lücke

was fehlt, ist der Mut zur Lücke,
abzubrechen jede Brücke,
den Platz neben sich
nicht zu vergeben,
frei zu lassen,
frei zu leben,
einfach nicht zu lieben,
nicht zu folgen alten Trieben

obwohl man
es könnte
jederzeit

was fehlt, ist der Mut zur Lücke,
zur Leere,
der Mensch
will Leichtigkeit,
keine Schwere,
doch nichts
wäre leichter
als das Nichts
neben sich
Nichts sein
zu lassen,
den Pathos
Geschichtenschreibern
zu überlassen,
sie heimlich dafür
ein bisschen zu hassen,

sie können das
doch so viel besser
jederzeit

was fehlt,
ist der Mut,
Lücken zu füllen,
Leerstellen zu enthüllen,
dem leeren Raum
zwischen den Lügen
die Wahrheit
hinzuzufügen,
dass wir nie freier
ohne Liebe waren,
dass einmal geliebt,
uns für immer besiegt,
dass wir niemals mehr
Größeres
erfinden können
als die Liebe

zu keiner Zeit

Nach bestem Wissen
und Gewissen

Die Wahrheit über Wissen ist:
Das Wissen ist nicht frei.
[Aufschrei! Aufschrei!]
Die Wahrheit
über Wissen
ist manchem Wissenden
in Wahrheit einerlei.

Wissen ist,
was Wissende
uns lehren.
Was würden wir Unwissenden
denn wissen,
wenn Besserwissende
nicht wären?

Wissen ist
für alle da?
Leider ist das
nicht sehr wahr,
[Nicht wahr? Nicht wahr?]
denn falsch gedacht:
Wissen ist
ein Instrument
der Macht.

Mit Wissen
kann man lenken,
Gewusstes bewusst umdenken.
Wenn Wissen
wohlweislich
vermieden wird,
wenn Wissen
wissentlich
die Wahrheit
torpediert,
dann wissen
wir wohl sehr genau,
selbst denken, besser wissen,
wäre nun ganz schlau.

Doch Wissen ist
nicht stets willkommen,
kaum in den Köpfen angekommen,
wird es intendiert sabotiert,
[Pariert! Marschiert!]
vom Besserwissen abortiert,
als tragisches Nichtwissen deklariert.

Die Wahrheit über Wissen ist:
Wissen ist ein Opportunist.
Doch wer will es ihm verdenken,
wie oft musste es sich verrenken,
wie oft wurde ohne Gewissen
auf besseres Wissen
geflissentlich
geschissen?

Nackt will ich dich sehen

Nackt will ich dich sehen.
Streife deine Hülle ab,
all deine Kleidung,
dein dickes Fell,
deinen Panzer,
all deine Haut,
Schicht um Schicht bis auf die Knochen.
Zeige mir dein Gewissen,
entblöße dich vor mir.
Zeige mir die Scham
in deinem Antlitz,
wenn du
an deine grausamsten Taten denkst.
Zeige mir das Grauen in deinen Augen,
wenn du dich
deinen größten Ängsten stellst.
Zeige mir dein Herz,
reiße es auf und bette dich hinein.
Mit dem roten Faden,
der sich durch deine Seele zieht,
nähe ich dich in deine tiefste Wunde ein.
Ich zeige dir,
was Verschlossenheit wahrhaftig ist.
Zeige mir, wie lange du dich aushältst.
Zeige mir, ob du dich selbst erträgst.
Nackt will ich dich sehen.

Natürlich liebst du mich!

Natürlich liebst du mich,
wie könntest du auch nicht?
Zu jeder Zeit
bin ich bereit,
heute und auch morgen,
mache du dir keine Sorgen,
denn ich bin immer für dich da,
ich mache deine Träume wahr.
Bist du traurig,
mache ich dich froh,
ich habe Lösungen für alles,
so oder so.
Ich ebne jeden deiner Wege,
die du allein nicht gehen kannst,
ich bin dein gesegneter Samen,
den du in andere Köpfe pflanzt.
Hast du selber keinen Mut,
sage ich dir: Alles wird gut.
Ich bin dein Leben,
deine Wahrheit,
ich schenke dir Liebe,
und auch Freiheit.
Mit mir kannst du sein,
was immer du magst,
es reicht, wenn du es einfach sagst.

Doch niemand darf uns gemeinsam sehen,
deshalb muss ich leider gehen.
Aber hadern ergibt nun keinen Sinn.
du weißt, wo ich zu finden bin.
Ein Gedanke von dir,
ein Schlag deiner Lider,
ich werde es merken
und komme wieder.
Mein Herz ist rein,
es soll so sein,
für immer werden wir zusammen sein.
Natürlich liebst du mich,
genauso sehr liebe ich auch dich,
was wärst du denn auch ohne mich?
Herzliche Grüße,
deine Lüge

Nein,
sagt mein ganzes Herz

Herz, schlag.

Dein Herz
schlägt für mich.

Mein Herz
erträgt dich.
Dein Herz
ist in mein Leben gefallen,
ja, es will
sich um meine Seele krallen.
Mein Herz
erregt dich.

Dein Herz
erschlägt mich.

Herz, schlag nicht mehr.

Notausgang
Stille

Seine Veränderung
hieß Stillstand ...
kopflos gegen keine Wand,
herzlos ins Nichts,
und wenn's auch zerbricht,
das Leben,
die Leiber,
die Gläser,
die Weiber,
kein Mann
kann still
aufrecht stehen
unter niedrigen Decken,
gefühllos
im Dreck
der Sünde
feststecken,
leise wimmern,
alles verschlimmern,
heimlich weinen
allein unter Seinen,
alles vergeben,
alles verschenkt,
der alte Mann denkt,
Was habe ich getan?
Warum? Warum komme ich
nirgendwo an?

Hilfloses Nicken,
unter mitleidigen Blicken,
die sich pikiert abwenden,
wie, Verflucht!,
soll das enden?,
mit dieser Sehnsucht
nach Leben
im schweren Gepäck,
das niemand
ihm trägt,
abgeranzt,
abgelegt,
wie er ist,
wie das Leben
so spielt,
das Ziel
so oft,
so weit
verfehlt.

Er passt nicht hinein
in keine Lücke,
letzter Halt,
die alte Brücke,
so viele Nächte
darunter geruht,
bis er es
wahrhaftig tut,
die Brücke
aus dem Leben
erklimmen,

endlich wieder
selbst
bestimmen,
über Leben
und Tod,
über Schwarz
oder Rot,
alles gesetzt,
alles verloren,
zum Scheitern
verdammt
und auserkoren.

Seine Veränderung
heißt Springen ...
Veränderung
heißt
Schwingen,
die Schwingen
eines verdorbenen Lebens
ausbreiten,
Veränderung
heißt
selig gleiten,
Veränderung
heißt
Fliegen,
Veränderung
heißt
Lieben,

das Leben,
die Leiber,
die Gläser,
die Weiber,
Verflucht,
das habe ich getan!,
denkt der alte Mann
und springt
in die Stille,
sein letzter Wille
war Veränderung.

Ob unter
oder über Wasser

Unter Wasser
kann ich nicht tiefer sinken,
längst erstickt,
kann ich nicht ertrinken.
Gedanken werden
an- und ausgespült,
in Treibgut wird
herumgefühlt.

Mitten im Lebensfluss
und doch abgeschottet,
Neues wird Altes,
Altes verrottet.
Ich verstehe es nicht
und begreife es doch:
In meinem Schädel
klafft ein Loch.

Dort fließt viel hinaus
und sprudelt viel zu viel hinein,
zusammen ergibt es
mein trudelndes Sein.

Dazwischen bin ich,
zwischen dem Rein und dem Raus,
im Strudel des Denkens,
denke ich mich taub.

Ich höre nichts
aber ich nehme etwas wahr,
unter Wasser erkenne ich Alles,
Trübes wird klar.
Jeder Gedanke
ist der Beginn vom Schluss,
ich tue und denke,
was ich fühlen muss.

Wie Ebbe und Flut
brauche ich keinen Mut,
weil ich schlichtweg bin,
das ist der einzige Sinn.
Ich verstehe es nicht
und begreife es doch:
In meinem Herzen
klafft ein Loch.

Dort fließt viel hinaus
und sprudelt viel zu viel hinein,
zusammen ergibt es
sein zerrissenes Sein.
Vielleicht wird es Zeit,
den Herzschlag und das Denken
nicht mehr den Gezeiten anzupassen,
Ebbe und Flut sich selbst zu überlassen.

Ob unter oder über Wasser,
es ist offensichtlich einerlei,
ich ersticke, ich ertrinke,
ich rette mich selbst dabei.

Obwohlgemut

Obwohl das Feuer
längst schon brennt,
muss ich die Steine weiter reiben.
Obwohl ich schon ganz taub
vor Schmerz geworden bin,
muss ich weiter leiden.

Obwohl ich nichts habe
und nichts mehr bin,
muss ich mich weiter teilen.
Obwohl ich längst
kein Ganzes mehr bin,
schneide ich mich in Scheiben.

Obwohl alles schon
geschrieben steht,
muss ich weiter schreiben.
Obwohl ich nichts
zu sagen habe,
kann ich nicht mehr schweigen.

Obwohl ich schon
gestorben bin,
muss ich mir Leben einverleiben.
Obwohl ich niemals
angekommen bin,
würde ich
gerne bleiben.
Bei mir.

Ohne
Gefühl

versuchen
nichts zu fühlen
nicht in die Seele
abzutauchen
nicht zu ertrinken
nicht zu wühlen
in fremden
und schon
gar nicht
in eigenen
Gefühlen
bloß nicht rühren
einfach nichts spüren
von all den
Narrativen
dem Wankelmut
der Perspektiven
so schauen wir
ins Dunkle
und sehen Licht
wo keines ist
wir stehen
und gehen
wo kein Weg ist
wir beten
und glauben
wo kein Gott ist
wir sind klein

so winzig klein
und wissen
es nicht
wir spüren nichts
und fühlen doch
tief in unserem
Egoloch
zu viel Ambivalenz
in unserer Existenz
wir sehen
Lichter
Wege
Götter
Glaube
gefangen
in einer diffusen
Seelentraube
vor einem seltsamen
letzten Gericht
nicken wir uns
wissend zu
aber wir
verstehen
uns
nicht

Paradoxon

Ich rausche, also bin ich ~
großartig.
Zurück zu mir?
Ich schwebe,
wie im Rausch,
nicht nur über mir,
ich schwebe über allem,
über Liebe,
über Hass,
über Wissen,
über Weisheit,
über Wahrheit,
über Lüge,
über Gerechtigkeit,
über Verurteilung,
über Leichtigkeit
und Schwere.
Ich liebe immer
mehr als du,
ich hasse tiefer
als der tiefste Abgrund ist,
ich weiß alles,
einfach alles,
ich weiß nichts,
rein gar nichts,
ich bin ehrlich,
ich mache mich nackt
bis auf die Knochen,

ich lüge,
dass sich die Balken
in deinen Augen biegen,
ich tue Buße,
ich bestrafe,
ich erteile Absolution,
ich bin leicht,
ich bin schwer,
ich schwebe leichtmütig
über meiner Schwermut,
über allem,
über nichts.
Ich schwebe.
Weg von mir?
Ich kriege nicht genug davon,
doch nichts ist mir genug.
Es gibt keinen Unterschied für mich
zwischen Sein und Nichtsein,
zwischen Leben und Tod.
Ich bin mein eigener Rausch,
Höhenrausch,
Tiefenrausch,
ich begehe einen
Rauschangriff
nach dem anderen
auf mich selbst.
Ich schwebe.
Zurück zu mir?
Vielleicht irgendwann.
Ich rausche durch meine Welt,
ich bin ~ der Größenwahn.

Prototypisch

Wieder mal
falschen Propheten vertraut,
wieder mal
zu tief ins Herz geschaut,
wieder mal
das Leben in Fetzen zerrissen,
alte Wunden neu aufgerissen.

Wieder muss ich wühlen,
in meiner Seele, in Gefühlen,
meinen Geist zusammenklauben,
mein Herz aus giftigen Händen rauben.

Wieder muss ich mich so sehen,
wieder muss ich leider gehen,
mit dem Bild in meiner Hand,
das ich in falschen Augen wiederfand.

Sag
Halt

Sag Halt und ...
halte nicht an,
nicht dich,
nicht deinen Atem.

Sag Halt und ...
schaue mich an,
die letzte Rose
in deinem Garten.

Sag Halt und ...
sag mir Wann,
wie lange
muss ich warten?
Bis du mich gießt,
bis du mich pflückst,
bis du mich küsst
mit deinem Atem?

Sag Halt und ...
sage es
mir nicht.

Sag mir,
wann?

Sag mir,
wann
wird das Laute wieder leise?
Wann
wird das Viele wieder wenig?
Wann
wird das Große wieder klein?

Wie lange
dauert es,
bis man bemerkt,
dass man
alles vergessen hat?

Das Leise?
Das Wenige?
Das kleine Glück?

Wann
erinnert man sich wieder
an Demut?

Wann
wird aus Selbstverständlichkeit wieder
Dankbarkeit?

Sag mir,
wann?

Salzige Spuren
auf aufgerissener Haut

Illusion.
Ich bin die Wellen,
ich überschlage,
schlage,
schlage,
schlage
mich,
ich türme mich auf,
ich rausche,
ich tose,
ich wirbele,
ich bin groß,
größer,
am größten,
ich bin mächtig,
mächtig,
mächtig,
allmächtig,
ich hinterlasse
meine salzigen Spuren
auf deiner aufgerissenen Haut,
ich werde das bittersüße Salz
in deinen Wunden.

Ich verschlucke dich,
ich verleibe dich mir ein,
ich nehme dich mit
in mein wildes Reich.
Vielleicht
benutze ich dich,
ganz sicher
beschmutze ich dich,
vielleicht
schaue ich dich
einfach nur
eine lange,
lange,
lange
Weile an
und dringe
in drängenden Wellen
in dich ein.
Dort überschlage,
schlage,
schlage,
schlage
ich dich,
ich strudele in dir,
ich reiße dich mit
hinab,
hinab,
hinab,
in meine Tiefe.

Ich bin dein Sog
und lasse dich
in mir ertrinken,
während ich weiter
tose und rausche,
doch ich brande nicht,
nein,
niemals,
niemals,
nie,
niemand kann mich brechen.
Ich bin
meine Wellen
und du
bist mein.
Für immer.
Illusion.

Schwingen
Warten
Sterben

Schwingen
zwischen dir und mir,
zwischen hier und dort,
zwischen Ver- und Misstrauen.

Warten
auf die Überzeugung,
eines von beiden
muss doch richtig sein.

Sterben
zwischen dir und mir,
zwischen hier und dort,
zwischen Schwingen und Warten
auf den Überschwang.

Sei mein Gebet.
Erhöre mich.

Verbanne
das Denken
aus meinem Kopf,
das Fühlen
aus meinem Herz,
den Ballast
aus meinem Geist.
Verbanne dich
aus mir.

Nimm
meine Kraft.
Lass mich
ein Fels sein.
Unverrückbar
bis in alle Ewigkeit.
Dann meißel mich
in meinen Stein.
Schenke mir
Ruhe.
Schenke mir
Frieden.
Schenke mir
mich.

Erhöre mich.
Sei mein Gebet.

Selbstwortattentat

Was möchtest du mir sagen?,
frage ich unsere Stille.
Hör besser zu!,
kreischt sie mich an.

Ich lausche,
wie all die Zeit davor.
Ich höre sie ...
weinen.

Die Detonation
erschüttert uns beide.
Wir sammeln
unsere abgetrennten
und weit verstreuten Glieder ein,
setzen uns verkehrt herum zusammen.

Wir verschweigen
unsere Worte,
die wir lauthals schluchzend
an uns richten.

Die Stille
bringt uns um.

Servicefehler:
Abserviert

Auf dem Silbertablett
euphorisch
drapiert,
heiß und saftig
mit Hingabe
serviert.
Gehegt,
gepflegt,
Welten bewegt,
Schicksal geprägt,
um Frieden
bemüht,
doch eiskalt
abgebrüht.

Das Menü hat sich mäandert,
alles schleichend verändert,
plötzlich
durchbohrt
mit einem einzigen
Silberpfeil,
gefolgt von
Teufels Hackebeil,
Adieu,
geliebtes
Seelenheil.

Alle Hemmungen weichen,
unüberspürbare Zeichen,
die Rechnung wird
der Wirt begleichen.
Zu viele Stiche,
geplatzte Naht,
nur noch ein
Befreiungsschlag,
abgerechnet wird
zum Schluss
nach dem letzten
Bluterguss.
Noch einmal richtig
durchgenommen,
alles verloren,
nichts gewonnen.
Noch einmal kräftig
durchgeatmet,
durch Blutsuppe
hindurchgewatet,
ein letzter Kuss,
der Weideschuss.
Verluste werden totgeschwiegen,
die Fetzen, die noch übrig blieben,
abgelegt,
weggefegt
und ausgetauscht,
jeder nimmt
ein Herz
halt anders
aus.

Sieh meine Seele

Sieh meine Seele
ohne Ruh',
wie sie lodert
immerzu,
wie sie brennt
und brennt
und brennt,
wie sie fackelt
und kein Halten kennt.
Sieh meine Seele,
wie sie einst erblühte
und blühte
und überblühte
und kaum verblüht
und ausgedörrt,
vollkommen
von sich selbst betört,
wie sie nun gierig
sich entzündet,
sich willig
in den Flammen windet,
wie sie flackert,
wie sie scheint,
wie entsetzlich
sie dann weint,
wenn aus ihren Flammen
fahle Fünkchen werden,
weil sie weiß ...

... sie wird bald
sterben.
Sieh meine Seele,
wie sie dann glüht
und glüht
und glüht
und überglüht
sie voller Lust,
mit vor Stolz
geschwellter Brust,
als hätte sie
es nicht gewusst,
dass aus Asche
neues Leben wird,
brennt und brennt sie
unbeirrt,
verglüht sie,
erblüht sie
immerzu,
sieh meine Seele
ohne Ruh'.

So etwas
wie Liebe

*Das habe ich so nicht gewollt, dachte er,
aber so ist das Leben,* während er seine
Hände in der Unschuld ihres Blutes wusch.
»Un-schuld«, teilte er das Wort laut
ausspuckend in seine beiden Silben auf.
»Ha!« *Niemand ist unschuldig, bei Gott
nicht,* sinnierte er weiter, *schon der erste
Atemzug ist eine Sünde.* Er übertrieb mal
wieder, um sich vor sich selbst zu
rechtfertigen. Er kicherte, er weinte,
er haderte. Er hatte doch nur ein bisschen
reden wollen, ein bisschen Mitgefühl, ein
wenig Zuwendung, Zärtlichkeit, ein
bisschen so etwas wie Liebe, nur für einen
Moment.

»Nur über meine Leiche«, hatte sie ihn
verhöhnt und nicht geahnt, dass er die
Menschen stets beim Wort nahm.

Nun sprach sie nicht mehr. Aber sie lachte
ihn auch nicht mehr aus. Doch herzensgut,
wie sie war, schenkte sie ihm doch noch so
etwas wie Liebe, wenigstens ihre Wärme.
Sie floss, nein, sie sprudelte förmlich aus
ihr hinaus, umhüllte ihn samtig wie ein
butterweicher Kokon und er fühlte sich
tatsächlich für einen Moment geliebt.

Er blieb bei ihr, bis sie abgekühlt war wie jede seiner bisherigen Beziehungen. *Aber so ist das Leben*, dachte er.

So unbedingt
bedingungslos

So unbedingt
wollten wir das große Ganze begreifen,
so unbedingt
wollten wir uns auf Ziele versteifen,
so unbedingt
wollten wir uns mit Sinn umhüllen,
so unbedingt
wollten wir das Leben mit uns erfüllen,
so unbedingt
wollten wir
nicht nur an uns selber denken,
so unbedingt
wollten wir neues Leben schenken,
so unbedingt
wollten wir alles gut meinen,
so unbedingt
wollten wir
Unpassendes
zu Passendem
vereinen.

So unbedingt
wollten wir erwachsen sein,
so unbedingt wollten wir
in Leben rein,
so unbedingt
wollten wir so weise
wie die Großen sein,
so unbedingt
wollten wir das Leben spüren,
die Liebe
und, offensichtlich,
auch ein bisschen das Leid.
Auf Gedeih und Verderb
haben wir Sinn gestiftet
und uns dabei selbst vergiftet.
Wir hätten besser
nichts wollen sollen.
Unbedingt.

Stagnation

ich weiß nicht
warum
doch erst ging es vorwärts
viele Schritte
dann einige zurück
wieder vor
noch mehr zurück
Bewegung und Stillstand
zugleich
ich weiß nicht
ob es gestern
oder heute war
oder von Beginn an
nur Phantasie
vielleicht ist
gar nichts passiert
vielleicht passiert es
erst morgen
während ich
hier wippend
sitze und denke
ich wippe vor
ich wippe zurück
ich denke
wenn nichts
passiert
geschieht doch etwas
aber ich weiß nicht
warum

Tiefenrausch
zwischen mir und mir

Schweigen und Lauschen,
Treiben und Rauschen
überall, überall
in meinem Ich.
So weit weg
bin ich von mir,
dass ich mir nie
näher war hier.

Mein Ich ist wund
mein Wesen so bunt
wie Grau auf Grau
auf schwarzem Grund.
Die Leere der Schwere,
bereichert, erleichtert
das Lauschen,
das Rauschen.

Ich drifte ins Seichte,
ins unendlich Leichte,
zurück, zurück
ins scheinbare Glück.
Mein Ich war nie wahrer,
nie lag es klarer,
nie offenbarer hier
vor mir.

Vom Ernten
zum Sähen,
vom Geben
zum Gehen.
Vom tiefen Atmen
bis zum Luftanhalten,
vom tiefen Fühlen
bis zum Schmerzverwalten.

Vom gnadenlosen Ehrlichsein
über absolutes Entbehrlichsein,
von hoffnungsfrohen Gedankenreisen
zum hässlichen Fallen in tiefe
Schneisen.
Vom Philosophieren
ins Vegetieren,
vom Leichten ins Nichtstun,
vom Seichten ins Siechtum.
Vom geheimen Verrecken
in dubiosen Verstecken,
klage ich vermummt und stumm
in meinem rauschenden Ich herum.
Die Schwere der Lehre
daraus und darin
befriedet und erdet,
ergibt seltsam Sinn.

Ich schweige, ich lausche,
ich treibe, ich rausche
von mir zu mir
davon, davon.

Totgeschwiegen:
Facetten des Schweigens

irgendwann
während eines winzigen Augenblicks
für die Bruchteilsekunde
eines Wimpernschlags
kaum wahrnehmbar
erahnt man sie mehr
als dass man sie sieht

einst
gewünscht
gebraucht
umgarnt
begehrt
liebkost
geliebt

dann
geschunden
verschlungen
zermalmt
halb verdaut
hochgewürgt
ausgespuckt

mehr tot
als lebendig
entsorgt

irgendwo
im toten Winkel
eines Augenwinkelblicks
im Schatten der Schatten
in die verwitterten Lumpen
eines früheren Lebens gebettet
fristen Silhouetten
verstummter Seelen
ihr Dasein im trostlosen Nichts

irgendwie
während eines winzigen Augenblicks
für die Bruchteilsekunde
eines Wimpernschlags
hat man es mehr gewusst
als geahnt
sich für einen Moment gefragt:
warum?

genau dann
nach einem winzigen Blinzeln
die Augen fest verschlossen
geschwiegen
verdrängt
vergessen
warum auch nicht?

das eigene Leben ruft

WWW.HEILSARMEE.DE/OBDACHLOSENHILFE

Tragik
der Unumstößlichkeit

Geliebte eines Königs
dem König der Halunken
im Unsinn der Unumstößlichkeit
des geheimen Seins ertrunken
um Atem ringend
Erfüllung bringend
Nichts nehmend
Alles gebend
Seelen verbunden
zwei Vagabunden
geben sich hin
dem eigenen Sinn
des süßen Seins
des bitteren Scheins
dass Amor zu spät traf
und nicht sein kann
was nicht sein darf
den Herzen wohlgefallend
dem Leben jammerhallend
müssen Seelen hungrig bleiben
in fremden Leben weiter leiden
doch mutig unverhohlen
versteckt und weggestohlen
in einem feinen Kästchen
geschnitzt aus fragilen Ästchen
eines alt verwurzelten Baums

entleiben sich
verbleiben sich
unumstößlich Liebende
eines Lebenstraums
mehr vegetierend
als existierend
doch unumwunden
zutiefst verbunden
wie morsche Knochen
in zähem Fleisch
Geliebte und König
auf immer
ohne Königreich

Trauer
in alten Seelen

Stehengebliebene Zeit
zerrinnt zwischen zum Gebet
gefalteten Händen.

Lebenserhaltende Hoffnung
erscheint und verschwindet
wie ein Regenbogen.

Irdische Realitäten
übernehmen unbarmherzig
das Regiment.

Gefaltete Hände öffnen sich,
geben auf, lassen los.
Ein letzter Gruß fällt in die Tiefe.

Es gibt keine Wiederkehr,
doch zurück bleibt besseres Wissen.
Trauer in alten Seelen.

Treffpunkt
Wunder Punkt

Was ist, wenn die Entscheidung
längst gefallen ist,
du aber zu feige bist,
sie nicht mehr aufzufangen,
dir nicht mehr abzuverlangen,
alles zusammenzuhalten,
dein wahres Ich zu entfalten,
zu sein, was du bist,
zu haben, was du willst,
deine Sehnsucht zu stillen
nach deinem Willen,
dir zu nehmen, was du begehrst,
nach dem du dich
so,
so,
so
sehr verzehrst,
wofür du glühst,
vor Euphorie sprühst.
Warum traust du dich nicht,
dich zu fragen,
warum du dich
am falschen Feuer
verbrennst
und nicht bekennst,
dass du dich mit Welten umgibst,
die du schon lange nicht mehr liebst?

Was ist,
wenn die Würfel gefallen sind,
warum gibst du dich so blind,
sie anzusehen,
dir einzugestehen,
dass du mit deinem Leben
um die Wette schnaufst,
dem Teufel deine Seele verkaufst,
obwohl die Entscheidung
längst gefallen ist,
du aber zu feige bist,
die Entscheidung
zu treffen?

Trenn
Ende

einfach sein
ja, ich will
nichts mehr
fragen
nichts mehr
sagen
nicht mehr
klagen
das Trennen

muss
ein
Ende
haben
einfach lieben
einfach sein
ohne Wunden
ohne Narben
ja, es könnte
so einfach sein
wäre ich
mit mir allein
niemanden kennen
niemals trennen
nicht mehr rennen
vor allem weg
einfach sein
allein
allein

allein
das Universum
und ich
ein Bett
ein Tisch
das würde langen
zum Träume fangen
in Illusionen treiben
Geschichte schreiben
mit Lebenslust
und Existieren
puren Frieden inhalieren
ein kauziger Vagabund
in beglückender Einsamkeit
in gesellschaftsloser Zufriedenheit
nie mehr Gedanken
die sich ranken
um Rennen
und Trennen
um Sein
nie mehr
allein
allein
allein
einfach sein
im Feld
im Wald
in Wiesen
Freiheit atmen
so sehr genießen

in Tälern
auf Bergen
im Meer
immer hin
immer her
wohin der Wind mich weht
wo alles bleibt
und nichts mehr geht
wo Frieden groß
und Sehnsucht klein
geschrieben steht
keine Kämpfe
keine Querelen
nichts würde fehlen
nur du vielleicht
ein großes Wenig
wahrscheinlich
für immer
wahrscheinlich
für ewig
weine ich Tränen
aus vergangenem Glück
es gibt kein Zurück
ja, ich will
alles wird still
ich bin
das Bekennende
das Trennende
das Sein allein
allein
allein

Trug
Schluss

... auf Regen folgt Sonnenschein,
doch aus Pfützen,
die der Regen schuf,
wurden Seen,
aus Seen
ein unendlicher Ozean.
Die Sonne
warf ihr glitzerndes Licht
über seine sanft wogenden Wellen.
Wolken schoben sich
vor den glühenden Feuerball,
das Firmament
verdunkelte sich,
für einen kurzen Moment
wurde es ganz still,
ein Sturm zog auf.
Es regnete sachte,
perlige Tropfen
fielen dumpf in die See,
bevor sie,
zu einer prasselnden Armee formiert,
die Oberfläche des Ozeans besetzten.

Tosende Wellen
wehrten sich tapfer
gegen die Eindringlinge,
die unbarmherzig
wie todbringende Geschosse
aus dem Himmel rasten,
es wirkte
wie ein Kampf
von Giganten,
bis beide
sich erschöpft ergaben.
Der Sieger der Schlacht
war die Sonne,
die gutmütig,
aber bestimmend
Wolken, Regen
und Sturm
vertrieb
und sich die Macht
des Lebens einverleibte.
Dann dämmerte es
und die Nacht brach an ...

Über
Leben

... wenn das Schicksal
uns das Liebste nahm,
die Mutter, den Vater,
den Freund, die Freundin,
den Bruder, die Schwester,
das Kind, die Frau, den Mann ...

Dann ist es schwer,
das Schicksal nicht zu hassen,
es ist unerträglich,
das Leben nicht zu lassen.
Dann ist es schwer,
dem Schicksal zu verzeihen,
es ist unmöglich,
das Leben nicht zu entweihen.

Denn die Zeit heilt
nicht jede Wunde,
an mancher Wunde,
gehen wir zu Grunde.
Wir steigen hinab
in tiefste Tiefen,
lauschen Geistern,
die wir nicht riefen,
wir ertrinken
im eigenen Saft aus Tränen,
wir verdammen
und verfluchen Jenen,

der uns das Allerliebste nahm,
der wieder und wieder zu uns kam,
um uns noch mehr
und mehr zu nehmen,
um uns eine Lektion
nach der anderen zu geben:
Mit dem Tod beginnt der Kampf
ums Überleben.

Ein innerer Kampf,
der jeden Tag
und jede Nacht bestimmt,
blinde Augen, taube Ohren,
doch im Herz erklingt,
die Melancholie der Wahrhaftigkeit,
des Todes Unbarmherzigkeit.

Wir müssen mit ihm leben lernen,
wollen wir uns nicht entfernen
von uns selbst
und der Erkenntnis:
Leben ist jetzt
und Leben ist endlich.

Über
Liebe

... natürlich ist
Liebe schön
schön
schön
wunderschön
bisweilen
viel zu schön
um wahr zu sein
wie ein nie
nie
nie
enden wollender Kuss
ohne zu atmen
Liebe
kann alles
doch nie
verwerflich sein
ganz gleich
von wo
nach wo
egal
wohin
sie fällt
fällt
fällt
fällt sie tief
tief
tief

tiefer
war sie
nicht
wahrer
als Liebe
die nie
nie
nie
hoch flog
nur flatterhaftend
taumelnd
existierte
wie erstickt
zwischen Lippenpaaren
die sie gierig inhalierten
Liebe
Liebe
Überliebe
verzehrt
verzerrt
überstrapaziert
und nicht atmen ließen ...

Über
Morgen
Stimmung

Ich hatte meine Gründe
für das Lieben gestern,
ich hatte meine Gründe
für das Hassen,
als ich gestern sagte:
Ich hatte meine Gründe
für das Lieben gestern.
Meine Abgründe
von gestern
vergegenwärtigen
meine Gründe
von heute
und morgen,
und morgen
werde ich dich
grundlos lieben,
versprochen, Geliebter,
versprochen,
weil morgen
gestern
einen Sinn gibt.

Über
Wunden

Wunde,
schließe dich nicht ...

Wunde, ich bitte dich,
niemals zu heilen,
verschließe dich nicht,
verblasse nicht,
verschwinde nicht,
verlasse mich nicht,
bleibe du mir treu,
sei die Nabelschnur
zu meiner Erinnerung
an meinen Schmerz.
Wunde, ich bitte dich,
niemals zu heilen.

Wunde,
bleibe immer auf ...

Unbeschreiblichkeit der Schwere von Leichtigkeit

~ bleierne Last
von oben
sanfter Sog
nach unten
gezerrt
von allen Seiten
in alle Ecken
gedrängt
zerschmettert
an den
kahl gefressenen Wänden
niedergemetzelten Bewusstseins ~
Wortgewaltige
Restlosigkeiten
zusammengekehrt
zum trauernden Häufchen
Elend aus Ohnmacht
verrottet
zwischen
subtilen Zeilen
pathetischer
Sprachlosigkeit ~

Uneigentlichkeit

Weißt du noch, wie wir früher einfach sprangen? Es war heiß, wir brannten wie Feuer, die Sonne hatte uns längst ihren süßlich brennenden Stich verpasst.

Die Erlösung, das kühle Nass, war zum Greifen nah, nur ein paar Meter Abgrund galt es zu überwinden.

Weißt du noch? Wir packten uns an den Händen, wir rannten los, wir sprangen, ja, wir sprangen einfach. Wir schrien, aber wir lachten auch, als wären wir verrückt geworden. Dabei waren wir so klar wie reinstes Quellwasser, wir hatten uns nur selbst verrückt.

Natürlich hatten wir auch Angst. Wir sahen sie für den Bruchteil einer Sekunde in unseren Augen. Im freien Fall entglitten unsere Hände, ein kurzer Blick, ein Moment voller Erkenntnis:

Es gibt kein Zurück.

Weißt du noch? Wir fragten uns vorher nicht, ob es wohl tief genug wäre, ob es dort unten, unter der Oberfläche, Felsen gäbe, auf denen unsere Knochen brechen oder gar zerschellen könnten. Wir fragten uns nicht, wie hart der Aufschlag wäre, wie tief wir sinken würden. Wir fragten uns nicht, ob wir sterben könnten. Wir sprangen. Wir flogen. Wir ...

Das Eintauchen war samtig, erlösend,
befreiend. Wir zerschellten nicht.
Warum sagtest du nicht,
dass du nicht schwimmen kannst?
Warum fragte ich nicht?

Unerträglichkeit
deines
Scheins

... ich nehme dich
wie du bist
obwohl du eigentlich
eigentlich
eigentlich
untragbar
für mein Leben bist
unerträglich
für mein Herz
unbarmherziger Garant
für Elend
und Schmerz
unerträglich
in allen
allen
allen
Sinnen
kein Krieg mit dir
ist zu gewinnen
ich liebe dich
mit all deiner
traurigen
Hässlichkeit
in all deiner
widerlichen
Schäbigkeit

trotz deiner
unfassbar vollendeten
Unerträglichkeit
gegen deine
tragische
Einsamkeit
liebe
liebe
liebe
ich an
vielleicht
nie
vielleicht
irgendwann
kommt
die Erkenntnis
bei dir an
dass ich dich nehme
wie schlecht
du auch bist
weil nichts
nichts
nichts
so ist
wie es scheint ...

Unscheinbar

Nichts ist,
wie es scheint,
noch nicht
einmal die Sonne,
denn wir ahnen nicht,
wie sehr sie weint.
Aus ihrer Hitze,
die uns wärmt,
haben wir
nichts,
rein gar nichts
gelernt.
Ihr Strahlen,
das uns blinzeln lässt,
ist so intensiv,
wenn eine Seele
diese Welt verlässt.
Deshalb ruft sie
hin und wieder
dunkle Wolken,
zum Gedenken
an jene,
die mit Seelenblut zollten,
um die niemand weint,
wenn die Sonne
wieder scheint.

Unser letzter Atemzug vielleicht

Erst wenn uns unserer eigener Fäulnisgeruch
fast den Atem raubt, erst wenn wir uns vor
Dreck und Schimmel kaum noch regen
können, werden wir uns ... vielleicht ...
allmählich unserer Denkirrtümer gewahr.
Erst wenn die Kakerlaken sich auf uns
niederlassen und beginnen, ihre Eier in
unsere Eingeweide zu legen, erst wenn die
Ratten kommen, um noch einen letzten
Leckerbissen von uns zu ergattern, solange
unser Fleisch noch gut durchblutet ist,
dann begreifen wir ... vielleicht ...
welch menschlicher Abgrund wir gewesen
sind und wie wir uns ein Leben lang in die
eigenen Taschen gelogen haben ... vielleicht ...

Unser Schlaf

Es gibt eine Erinnerung,
die meinen Geist wahrhaftig
in Aufruhr versetzt,
wieder und wieder
und weitaus intensiver
als der originale Moment es tat.

Das ist tatsächlich absurd,
denn der Moment war,
als ich schlief,
ganz ruhig, ganz tief,
Seite an Seite
mit dir.

Vielleicht ist es der Frieden,
den wir beide empfanden,
der mich so berührt,
der mich wieder und wieder
in Gedanken zu dir
und dieser Erinnerung führt.

Vielleicht ist es der Tod,
und sein grausames Vermächtnis,
das er im Schlaf mit sich bringt,
das Ende von allem,
das Verlassen, das Alleinsein,
ich spürte es nicht, als du gingst.

Mit dir kommt und geht stets
die Vergänglichkeit,
die Unabänderlichkeit
der Freude und des Leids,
des allgegenwärtigen Haderns
der verfliegenden Zeit.

Vielleicht bist du geblieben,
ruhend, friedlich, in mir ...
ja, du bist immer noch hier,
tief schlafend
in meinem Geist,
in meinem Leben bei mir.

Vergebung ist nichts

Vergebung ist nichts,
wenn
nichts
vergessen
wird.

Vergebung ist nichts,
wenn
alles
vergessen
wird.

Vergebung ist alles,
wenn
die
Mahnung
bleibt.

Vergebung ist alles,
wenn
nichts
mehr
bleibt.

Vergebung ist,
wenn
alles
schweigt.

Verliebt in den Verfall
Kurzprotokoll [Szene 1 bis Ende]

~ Herz an Herz
schlagen laut
so sehr verliebt
Haut an Haut

ein Ich ins Du
ein Du ins Ich
ein Wir im Hier
ewiglich

verliebt
verengt
verschmolzen
verdrängt

Kopf an Kopf
gegen die Wand
ein Du ~ ein Ich
im Niemandsland

ausgeherzt
kaputtgeschmerzt
Haut zerrissen
Herz verschlissen

verliebt
verfallen
im Verfall
verhallen
zwei Herzen
ohne Heim
zwei Herzen
ganz allein

kein Hier
im Wir
Kopf an Kopf
auf das Schafott

dickes Fell
auf dünner Haut
entliebte Herzen
schweigen laut ~

Verwundert
Selig sind die Ahnungslosen

Wie wunderbar
leicht
muss das Leben sein,
wenn Ahnungslosigkeit
sich um die Wirklichkeit klebt
wie eine gut eingekleisterte Tapete
an eine schroffe Wand?
Wie wunderbar
leicht
muss das Lieben sein,
wenn alle Zweifel
so weit weg sind
wie ein träge abtreibendes Boot
am Ende des Horizonts
einer vollkommenen, runden Welt?
Wie wunderbar
leicht
kann man den Tod ignorieren,
wenn man glaubt,
wenn man lebt,
wenn man liebt,
als wäre man unsterblich?
Schwer
zu sagen.
Ich weiß es nicht,
ich kann es nicht einmal erahnen.
Ich wundere mich nur
an jedem wunderbaren Tag.

Verzweisamkeit:
Liebe mich nicht heute

Liebe mich nicht heute,
heute will ich sein.
Verlasse mich
für einen Tag,
vergiss mich
für eine Nacht.
Ich will dich einmal
nicht mehr spüren.
Lass mich fühlen,
wer ich vor dir war,
lass mich
los,
lass mich
mich verlieren,
lass mich
mich wieder finden,
lass mich
mich an meinem Traum erinnern.
Morgen
kannst du
mich
wieder lieben,
doch heute,
heute will ich sein.
Allein.

Morgen,
ja,
morgen
kann ich
wieder
einsam
mit dir
zusammen
sein.

Vieles wäre leichter vielleicht

Vielleicht
verschwindest du,
unbemerkt,
vielleicht
löst du dich,
heimlich,
vielleicht
löst du dich
von hinten auf,
vielleicht
verblasst du
wie die älteste Erinnerung,
vielleicht
jeden Tag
ein wenig
mehr.
Ein Wenig,
ein Mehr,
von
Vielleicht.
Vieles
wäre
leichter,
vielleicht,
für dich,
für mich,
für uns.

Vielleicht
kommst du
irgendwann
zurück
als Du,
als Ich,
als Wir,
zu dir,
zu mir,
zu uns,
als Erinnerung
an die älteste Erinnerung,
als Weniger,
als Mehr,
vielleicht
als ein ganzes
Vielleicht,
vielleicht
als ein ganzes
Wir.

Vielleicht macht mich dein kaltes Herz so warm

Vielleicht macht mich
dein kaltes Herz so warm,
weil meines
noch viel kälter ist?

Vielleicht ist dein Herz
ein Fels geworden,
weil meines
längst versteinert ist?

Vielleicht bin ich du
und du bist ich,
vielleicht sind wir
es einfach nicht?

Vielleicht ist Vielleicht
ein verängstigtes Ja
und nichts ist mehr,
wie es einst war?

Voller Stille

... lautlos
warst du, plötzlich so still ...
ja, voller Stille,
es war mein Wille,
doch diese Stille
wollte ich nicht,
ich wollte nur Frieden
anstatt Bekriegen,
ein bisschen Schweigen,
kein lautloses Leiden,
kein Wort mehr,
das sich an ein nächstes reiht,
kein Widerspruch zur falschen Zeit,
kein Ton mehr,
der schief in meinen Ohren klingt,
der statt vertrauter Stille
nur hässliches Getöse bringt ...
ich zählte die Sekunden
zwischen Blitz und Donnerschlag,
doch an diesem Schicksalstag
bliebst du stumm,
die Zeit ging um,
und du mit ihr, ich blieb hier
und lauschte, doch es rauschte
nur noch in meiner Seele,
kein Ton aus deiner Kehle,
lautlos wurdest du,
plötzlich Stille immerzu

es war absurd,
es war verrückt,
so fest
hatte ich
doch gar nicht
zugedrückt ...

Vom Verwahrlosen
bis zum Verrotten

Vom Verwahrlosen
bis zum Verrotten
zur vollendeten Verwesung
ist es nur ein kleiner Schritt,
doch ein tiefer, tiefer Schnitt,
den eine Seele
nicht selbst gehen muss.
Nur eine Nacht,
kein einziges Wort
und allmächtige Lügen
erstaunlich genügen,
sie fallen zu lassen
hinein in eine scheußliche Grube
aus tausend Toden
zwischen zwei Antipoden,
deren Bestimmung
niemals ein Konsens war.

Wandgedanken
in der Stille deines Seins

Wände schwanken
im steinigen Gedankengang,
im bittersüßen Gedankenfang,
Gedanken ranken,
hörst du sie schweifen,
wie sie sich schleifen
in jeder Ecke
unter deiner Schädeldecke,
unter deiner kleinen Quelle,
einst verwachsene Fontanelle,
nun aufgebrochene Verknöcherung,
unwiderrufliche Absplitterung,
Knirschen, Knarzen, Dröhnen,
in den schönsten tiefen Tönen,
Gedankenliebe,
Gedankentriebe,
immer an der Wand entlang
zum Unter- oder Notausgang,
keine Maskerade
hinter der Fassade,
ziselierte Wandgedanken,
sinnlich pure Randgedanken,
immerzu,
ohne Rast,
ohne Ruh' ...

... schlägt dein Herz
in deinem Kopf,
findet keinen Ausschaltknopf,
liegt dein Schmerz
auf deiner taubgedachten Zunge,
kalter Rauch in deiner Lunge,
mit viel zu vielen Zigaretten,
willst du deine Gedanken retten,
bevor sie entfliehen,
deiner Macht sich entziehen
wie dein wilder Atem
über deinen rauen Schlund,
aus deinem barbarisch schönen Mund,
hörst du sie schwelen,
hörst du dich quälen,
mit deinen Randgedanken,
festgenagelt an den Planken
der Wände deines Seins,
deins oder keins,
erst leise, dann stumm
bringt es dich um
in deiner ohrenverleugnenden Stille,
ist das dein allerletzter Wille?

Warum tun wir uns das an?

Wie wollen wir uns
dem Wind des Lebens stellen,
wenn wir nicht wissen, woher er weht?

In welche Richtung wollen wir gehen,
wenn wir nicht wissen,
wo wir ankommen wollen?

Was wollen wir fragen,
wenn wir nicht wissen,
was wir wissen wollen?

Welche Worte wollen wir wählen,
wenn wir nicht wissen,
was wir sagen wollen?

Wie wollen wir fliegen,
wenn wir nicht wissen,
dass wir Flügel haben?

Wie wollen wir Frieden finden,
wenn wir nicht zur Ruhe kommen?
Warum tun wir uns das alles an?

Weg
Gang

Ich gehe
weg,
ich gehe
ins Exil,
ich gehe
überall dorthin,
wo ich dich
nicht finde,
dennoch werde ich
dich suchen,
damit es sich
so anfühlt,
wie es immer war.

Ich gehe
weg,
ich gehe
ins Exil,
ich gehe
in eine tiefe Höhle
aus Vergangenheit,
an deren Wände
ich jedes unserer Jahre hämmere,
die ein Geschenk
und am Ende
doch nur
geliehen waren.

Ich gehe
weg,
ich gehe
ins Exil,
ich gehe
überall dorthin,
wo mein Kummer schon ist,
er reist zuvor,
er reist mir nach,
er heißt mich
Willkommen
und ich bleibe ihm treu
wie dir.

Ich gehe
weg,
ich gehe
ins Exil,
ich gehe,
so weit
ich kann,
weit weg,
ganz weit weg
von dir,
gehe ich
meinen Weg
ohne dich.

Wie oft noch, willst du die Welt belügen?

Wie oft noch ...
willst du Menschen locken,
dich an ihre Schwächen docken,
um sie für deine Zwecke
zu missbrauchen,
nur damit dir andere lauschen?

Wie oft noch ...
willst du Ratschläge geben,
warum scheiterst du daran
in deinem Leben?

Wie oft noch ...
willst du Erfüllung in der Liebe finden,
dich immer und ewig an *den Einen* binden,
derjenige, welcher es dann doch nicht ist,
weil er plötzlich für dich
wie alle anderen ist?

Wie oft noch ...
willst du Menschen in den Abgrund ziehen,
um dann heulend neben
dir selbst zu knien?

Wie oft noch ...
willst du neu beginnen,
das ewig gleiche Liedchen singen,
von Erkenntnis und Wahrhaftigkeit,
und bist dazu selbst gar nicht bereit?

Wie oft noch ...
willst du dich bescheißen,
dein Trauma
in der Luft zerreißen?

Wie oft noch ...
willst du all das nicht sehen,
die Welt zu deinen Gunsten drehen?
Wie oft noch ...
willst du die Welt belügen,
dein Leben um dich selbst betrügen?

Wenn du stirbst,
werden wir Ewigkeit

Wenn du stirbst,
sage mir den Ort,
wenn du stirbst,
gehe nicht ohne ein Wort.

Wenn du stirbst,
lasse mich dein Herz umfassen,
wenn du stirbst,
lasse mich dich nicht alleine lassen.

Wenn du stirbst,
dann sei bei mir,
wenn du stirbst,
lasse mich nicht hier.

Wenn du stirbst,
dann liege in meinem Arm,
ich halte dich fest,
ich halte dich warm.

Wenn du stirbst,
dann liege in meinem Schoß,
wenn du stirbst,
lasse ich dich nicht los.

Als du gestorben bist,
blieb ich noch hier,
ein Teil von dir
ist stets bei mir.

Ein Teil von mir
ist mit dir abgestorben,
unser Wir ist Einsamkeit
und Ewigkeit zugleich geworden.

Wenn *ich* sterbe ...

Wenn es
so einfach wäre

Wenn wir den Teufel an die Wand malen,
werden wir keinen Engel sehen,
wenn wir den Wind des Lebens ersticken,
werden wir nirgendwohin segeln.

Wenn wir unsere Augen schließen,
können wir nichts übersehen,
wenn wir nicht ankommen,
müssen wir nicht gehen.

Wenn wir alleine bleiben,
kann uns niemand verlassen,
wenn wir nicht lieben,
müssen wir nicht hassen.

Wären unsere Herzen nicht so voll,
dann wären unsere Köpfe nicht so leer,
wenn es so einfach wäre,
dann wäre es nicht so schwer.

Wie unsere Liebe duftet, so riecht unser Tod

an Herzen
wachsen
oder von ihnen
vernichtet werden
oder beides zugleich
unsere Liebe
offenbart
ihr hässlichstes Gesicht
unser Tod
zeigt frohlockend
sein lieblich süßes Antlitz
unsere Herzen
erfahren
vollkommene
Erfüllung
Erlösung
Ablösung
Lösung
die Lösung
folgt
auf den
Tod
unsere Liebe
frisst
den Tod
der Tod
die Liebe nie

so wie der Tod
eine Vergangenheit hat
hat die Liebe
eine Zukunft
wenn unsere Herzen
uns vergeben
dass wir sie einst
getötet haben

Wir atmen ein,
wir bluten aus

... unsere Tage sind
viel zu kurz an Stunden,
um herumzuwühlen
in alten Wunden,
unser Leben hat
viel zu wenige Tage,
um ständig zu kreisen
um die ewiggestrige Frage,
worin wohl der Sinn
unseres Lebens liegt,
während unwiderruflich
unsere Zeit verfliegt,
unser unendliches Fragen
sich in sich selbst verliebt,
für das eigene Sein
in Widerworte verbiegt,
derweil unser Leben
wie eine unbehandelte,
blutende Wunde
vor uns liegt ...

Wir
berühren
uns

berühren
berühren
verführen

sind verlorene Seelen
die sich leiten

leiten
leiten
Weg bereiten

öffnen unsere Herzen

Herzen
Herzen
Schmerzen

sind unsere Sehnsuchtsquelle

Quelle
Quelle
Hölle

beschwören unsere Liebe

beschwören
beschwören
zerstören

werden unsere Flügel brechen

brechen
brechen
rächen

werden niemals Engel sein

niemals
niemals

für immer

Wir haben gedacht,
wir könnten fliegen

wir haben gedacht,
wir könnten fliegen,
wir wollten
die Gedanken
nicht abwiegen,
wir hofften
ihre Schwere
zu besiegen
mit unserem Mut
und dem Lieben,
ja, und dem Lieben ...

vielleicht dachten wir auch,
jemand würde uns fangen,
bevor wir nach einem langen,
langen, viel zu langen Flug
über die flirrende Glut
unseres Lebens
in Gedanken verfangen
zurück in unsere
dunklen Seelen fallen ...

so viele offene Arme
hatten es uns versprochen,
doch waren sie selbst
schon lange gebrochen ...

niemand war da,
das wurde gewahr,
wir sind trotzdem gesprungen,
das Hirn ausgewrungen,
welch herrliche Zeit,
vom Denken befreit,
vielleicht auch deswegen,
wir waren mutig,
wir waren verwegen,
wir sprangen
und sangen
unser schönstes Lied
vom ewigen Trieb,
vom Streben
nach Leben,
vom Begehren
nach Glück,
es gab
kein Zurück,
wir sind nicht geflogen,
wir wurden geliebt,
ja, wir wurden geliebt,
aber trotzdem belogen ...

Wir Narzissten

Wir träumen von einer Weltreise,
doch bleiben wir stehen,
wir sind nicht fähig,
irgendwohin zu gehen.
Doch wir erzählen viel davon,
beim Heucheln gibt es kein Pardon.
Das echte Leben bleibt außen vor,
wir sind unser eigenes Tor
zu dieser wunderschönen Welt,
wie sie allein uns gefällt.
Wir hören,
doch sind wir taub,
wir haben uns selbst
das Verstehen geraubt.
Wir sehen,
doch sind wir blind,
wir werden nicht erwachsen,
wir bleiben Kind.
Wir haben es selbst in der Hand,
doch unsere Welt hat keinen Tellerrand,
nur eine dicke Wand, nur eine Mauer,
hinter ihr liegen wir auf der Lauer,
jeder Eindringling
wird abgewehrt
oder in den Abgrund
unseres Weltbilds gezerrt.

Dort referieren wir,
dort philosophieren wir,
woran wir glauben,
unser Wissen über Alles
lassen wir uns
von niemandem rauben.
Wir sind besessen
von unserer Welt,
Gerades haben wir
doch so schön
schief gestellt.
Wir exerzieren
das Manipulieren,
wir unterscheiden
zwischen Gut und Schlecht,
niemand außer uns
hat immer recht.
Wir überzeugen uns im Inneren:
Verrückt sind nur die Anderen.
Wir sind der Mittelpunkt,
wir sind der Nabel dieser Welt,
wie sie allein uns gefällt.
Dort leben wir unseren Frieden,
weit weg von allen Kriegen,
weit weg von echtem Lieben,
weit weg vom wahren Leben,
so sind wir, Narzissten eben.

Wir sagen nicht
Auf Wiedersehen

Adieu, flüsterst du,
Adios, raune ich,
wir sagen es leise,
wissentlich,
dass es noch lange
nicht zu Ende ist.
Du ohne mich,
ich ohne dich,
wird es nicht geben,
ewiglich.
Alles ist Anfang,
alles ist Beginn,
nur zusammen
ergeben wir Sinn.
Wir sagen nicht
Auf Wiedersehen,
weil wir immer
miteinander gehen,
immer im Kreis,
das ist der Preis,
von uns weg,
auf uns zu,
unaufhaltsam,
immerzu,
im Rhythmus
aller Jahreszeiten,
gegen alle
Widrigkeiten.

Wenn unsere Melodie erklingt,
Kommen und Gehen neubeginnt.
Wir sind unser Lied,
ein bizarres Duett,
ein Wiedersehen
zum Abschied
wäre trotzdem nett.

Wir sehen
uns anders

Wir sehen uns anders,
wir hören uns anders zu,
was wir sehen,
was wir hören,
lässt unseren Seelen
keine Ruh',
niemals Ruh'.
Unsere Augen
möchten wir davor verschließen,
unsere Ohren und Sinne verstopfen,
doch wir spüren unsere Tränen,
Tropfen
für Tropfen,
für Tropfen.

So viele bittere Tränen,
die sich nach der Wahrheit sehnen,
sammeln sich zu einem trägen See,
in dem wir uns spiegeln,
unser Schicksal besiegeln,
uns offenbaren
dem unfassbar
Unsagbaren,
und bevor wir
für immer gehen,
erzählen wir uns,
was wir in uns sehen.

Danach wird keiner
von uns noch weinen,
danach hören wir
uns wahrhaftig zu
und unsere Seelen finden
vielleicht,
vielleicht
endlich Ruh'.

Wunder
gibt es

Wunder gibt es
nie mehr wieder,
heute oder morgen,
nie mehr nie.

Wunderbares passiert
in einem Moment,
im nächsten Augenblick
gehen wir in die Knie.

Nur Wunden gibt es
immer wieder,
heute oder morgen,
mit Garantie.

Wunder können
nur geschehen,
wenn wir das Leben
nicht verstehen.

Nur wenn wir uns
unseres Wissens berauben,
können wir wahrhaftig
an Wunder glauben.

Zur Ewigkeit bereit

ewigkeit schimmert nicht
verschluckt mein licht

ewigkeit
war ich

ewigkeit auf meiner haut
knistert so laut

ewigkeit
bin ich

ewigkeit frisst mich auf
alles nimmt seinen lauf

ewig komme ich
ewig gehe ich

ewigkeit auf meiner reise
raschelt ganz leise

ewigkeit
werde ich

ewig

Zusammen
sind wir

zusammen
sind wir
leise
vielleicht weise
noch sachter Wind
verbunden
wie Mutter
und Kind
bald
brüllender Orkan
laut heulend
im Fieberwahn
Blut
Schweiß
heiße Tränen
klagend Heilung
so sehr
ersehnen
zusammen
sind wir
auch getrennt
leise
vielleicht weise
einfach
hier
für
uns

Zwei Seelen, es gehören immer zwei dazu

UNRUHENDE SEELE I

... in aller Ruhe habe ich
dir deine Seele geraubt
und genüsslich dabei zugeschaut
wie dein hübscher Kopf
seinen Verstand verliert
wie dein süßes Herz
sich in meiner Existenz verirrt ...
deine Sinne habe ich dir vernebelt
deinen Mund mit Hoffnung geknebelt
die sich niemals nie erfüllen wird
nur weiter in die Irre führt ...
deine Augen habe ich
dir ausgeschabt
du hast genug Zeit
zum Sehen gehabt ...
deine Ziele hast du
längst verloren
deine Träume sind
im Liebesrausch vergoren
deine ganze Welt
dreht sich um mich
du liebst mich so
doch ich dich nicht ...

dein ganzes Leben hast du
für mich verrückt
das hat mich wirklich
sehr entzückt
... in aller Ruhe habe ich
dir dein Ich genommen
durch deine ganze Seele bin ich
hindurchgeschwommen
doch ich habe mir dich
nicht einverleibt
bis nichts mehr
von dir übrig bleibt
ich werde dich
auch nicht begraben
ich will mich weiter
an dir laben ...
so liegst du nun da
so schön
so wunderbar
in aller Seelenruhe
tief in meiner Trophäentruhe ...

UNRUHENDE SEELE II

... in aller Ruhe hast du
mir meine Seele geraubt
und genüsslich dabei zugeschaut
wie mein verdrehter Kopf
seinen Verstand verliert
wie mein geplagtes Herz
sich in deiner Zuneigung verirrt ...
meine Sinne
hast du mir vernebelt
meinen Mund
mit Hoffnung geknebelt
die sich niemals nie erfüllen wird
nur weiter in die Irre führt ...
meine Augen hast du
mir ausgeschabt
ich habe nicht genug Zeit
zum Sehen gehabt ...
meine Ziele
habe ich verloren
meine Träume
im Liebesrausch verdorben
meine ganze Welt
dreht sich um dich
ich liebe dich so
doch du mich nicht ...

mein ganzes Leben
habe ich für dich verrückt
das hat dich offensichtlich
sehr entzückt
... in aller Ruhe hast du dir
mein Ich genommen
durch meine ganze Seele bist du
hindurchgeschwommen
doch du hast mich dir nicht einverleibt
bis nichts mehr von mir übrig bleibt
du hast mich
lebendig begraben
um dich weiter
an mir zu laben ...
so liege ich nun hier
so verletzt
waidwundes Tier
ohne Seelenruhe
tief in deiner Trophäentruhe ...

Sei glücklich.
Sei frei.
Adios.
Bye Bye.

Ein Abschied auf Zeit,
ein Abschied vom Kummer,
ein Abschied vom Leid.

Ein Abschied wie ein geworfener Schatten,
ein Abschied vom im Dunkeln tappen,
ein Abschied vom fliehenden Licht,
ein Abschied, der das Schicksal bricht.

Ein Abschied wie ein abgrundtiefer Schlaf,
ein Abschied vom waidwunden Sein,
ein Abschied, der keiner Erklärung bedarf.

Ein Abschied wie ein Abschnitt im Leben
ist viel mehr als Abschied nehmen,
es ist ein Abschied geben.

Sei glücklich.
Sei frei.
Adios.
Bye Bye.

LETZTENDLICH
DIENT ALLES
WAS WIR DENKEN
WAS WIR SAGEN
WAS WIR TUN
NUR DER
ÜBERBRÜCKUNG
EINER DIFFUSEN
ZEITSPANNE
ZWISCHEN ANFANG
UND ENDE
ZWISCHEN LEBEN
UND TOD

JEDES LACHEN
JEDES WEINEN
JEDES GESCHRIEBENE WORT
JEDER GELESENE SATZ

AUCH DIESER LETZTE

BRINGT UNS
EIN KLEINES BISSCHEN NÄHER
AN DIE ENDLICHKEIT
VON ALLEM
AN DIE ENDLICHKEIT
UNSERES SEINS

Die Unbeschreiblichkeit verschwiegener Worte

Ein weiteres Kapitel endet,
mit ihm mein lautes Ich,
nichts ist von Dauer,
nichts scheint ewiglich.
Die feinste Eloquenz
ändert nichts an der Ambivalenz,
dass meinem Ich
so oft die Worte fehlen,
dass mich die Zwischenzeilen quälen,
die ich stumm beschreibe
mit heimlicher Wut,
mit unsichtbarer Tinte
aus Herzensblut.
Es lässt sich nicht abwenden,
alles muss wohl enden,
doch niemals das, was ungesagt,
nie das, was so
unglaublich plagt,
und doch selbst
es niemals wagt,
geschrieben
zu stehen,
durch Existenz
etwas zu sähen,
was wahrhaftig
niemand ernten will,
darum bleibt es
stumm und still.

Doch die Stille endet jäh,
mit ihr mein leises Ich,
nichts ist von Dauer,
nichts schweigt ewiglich.